너의 생각을 선택하라
그것이 될 것이다

**너의 생각을 선택하라
그것이 될 것이다**

1판 1쇄 2024년 5월 15일

지 은 이 프리드리히 니체
편　　역 김욱

발 행 인 주정관
발 행 처 더좋은책
주　　소 서울특별시 마포구 양화로 7길 6-16
　　　　　서교제일빌딩 201호
대표전화 02-332-5281
팩　　스 02-332-5283
출판등록 2011년 11월 25일(제2020-000287호)
홈페이지 www.ebookstory.co.kr
이 메 일 bookstory@naver.com

ISBN 978-89-98015-38-1 03160

너의 생각을 선택하라
그것이 될 것이다

프리드리히 니체 지음
김욱 편역

Friedrich Nietzsche

조은
더좋은책

삶의 위대한 안내자 니체, 그리고 자신의 삶을 통해 주석한 김욱

"신은 죽었다."

전통을 깨고 새로운 가치를 세우고자 했기에 '망치를 든 철학자'라고도 불린 니체.

후대에 끼친 영향은 막대해 '현대 철학의 아버지'라고 불리지만 니체의 삶을 조금이라도 들여다본 사람은 충격에 빠질 수밖에 없다. 유전적으로 물려받은 수많은 질병과 이에 따른 통증, 불면증 등으로 그의 하루하루는 고통과 시련의 연속이었기 때문이다.

그런 어려움 속에서 단련이 되었기에, 아니 어쩌면 그래서 더욱 니체의 통찰력과 삶의 방식은 21세기를 살아가는 우리에게 고통스러운 삶의 현실을 이겨낼 위로와 힘을 준다.

동시에 니체는 고통받는 영혼을 치유하는 심리학자들의 모범으로 우뚝하다.

나 이전에는 그 누가 심리학자일 수 있었단 말인가?

물론 누군가는 그가 왜 심리학자냐고 되물을 수도 있다. 그도 그럴 것이 그가 심리학자로서 현대의 심리학자들에게 막대한 영향력을 미쳤다는 사실은 잘 알려지지 않았기 때문이다.

그는 프로이트Sigmund Freud보다 몇 년 앞서 활동하면서, 본능, 무의식, 몸, 억제, 망각 능력, 승화와 같은 프로이트의 주개념들을 먼저 소개했다. 그로스Otto Gross는 "프로이트의 학설은 니체의 직관들을 과학적으로 적용한 것이다"라고 단정했다.

아들러와 융, 랑크 등 우리에게 널리 알려진 프로이트의 수제자들 역시 니체의 책을 손에 들고 프로이트 곁을 떠났으며, 니체를 근거로 현대 심리학의 핵심 논리들을 만들어 냈다. 빅터 프랭크나 칼 로저스 등 오늘날의 저명한 심리학자들 역시 니체의 그늘에서 자신의 심리학을 일구어냈음을 강조하고 있다.

실제 니체는 『인간적인, 너무나 인간적인』을 필두로 그때까지 잘 드러나지 않았던 인간 내면의 숨겨진 욕구들을 생생하게 파헤쳐 세상에 내놓았으며, 그 심오한 심리적 통찰로 한 사람, 한 사람의 욕구와 의지를 되돌아보게 했고, 우리가 만끽할 수 있는 진정한 자유가 무엇인지 보여주었다. 또한 그의 글 곳곳에서 자유를 향해 가는 구체적인 방법까지 제시해주고 있다.

게다가 그는 "나 이전에는 그 누가 철학자이면서 심리학자일 수 있었단 말인가? 나 이전에는 그 어떤 심리학자도 존재했다고 할 수 없다."고 직접 언급하고 있기도 하다.

바로 이런 점들이 오늘날까지도 수많은 사람이 니체의 책과 글, 아포리즘에서 숱한 위로를 받고, 삶의 방향을 찾는 이유인 것이다.

김욱 자신의 삶에 녹여 낸 니체의 아포리즘들

삶의 생생한 이면을 파헤쳐 보여주며 그에 따른 인생의 조언들을 자신의 글 곳곳에 새겨 넣은 니체. 이 책을 옮기고 골라 엮은 김욱은 그런 니체의 주옥같은 말들에 매료되어, 누구보다 앞장서 그의 말을 소개하고, 니체의 지침들을 자신의 삶에 녹여내 본 '전문가'이다.

먼저 이 책은 여느 책들처럼 단순히 건조한 그대로의 글만을 옮겨 적은 번역서는 아니다. 그렇다고 편린처럼 흩어져 있던 니체 글들을 김욱의 상상력으로 매꾸어 놓은 해설서도 아니다.

오히려 엮은이가 직접 자신의 가슴에 새겨두고, 실제 자신의 삶에 활용해보며 그 경험을 주석으로 달아놓은 책이다. 니체의 말을 정확히 번역한 후, 그것들이 자신의 삶에 얼마나 잘 적용되는지, 그리고 그때 우리는 어떤 반성이나 느낌을 갖는지를 생생이 새겨 넣은 니체 아포리즘의 해례본 같은 책이다.

그런 점에서 이 글은 김욱 선생이 생전에 마지막으로 시도한 니체와의 대화이며, 동시에 우리에게 직접 전해주는 생생한 '니체 사용법'이라 할 수 있다.

김욱의 친절한 안내를 통해, 부디 여러분들이 더 쉽고 더 생생하게 니체의 가르침과 위로에 다가갈 수 있기를 바란다.

　　　　　　　　　　　　　－ 주현성 · 『지금 시작하는 인문학』 저자

'너 자신이 되어라'의 진정한 의미는
언제나 소수만이 깨닫는다.
더구나 이들 깨달은 소수 중에서도 더욱 한정된,
극히 일부 사람들만이 모든 진실을 깨닫게 된다.

– 인간적인 너무나 인간적인

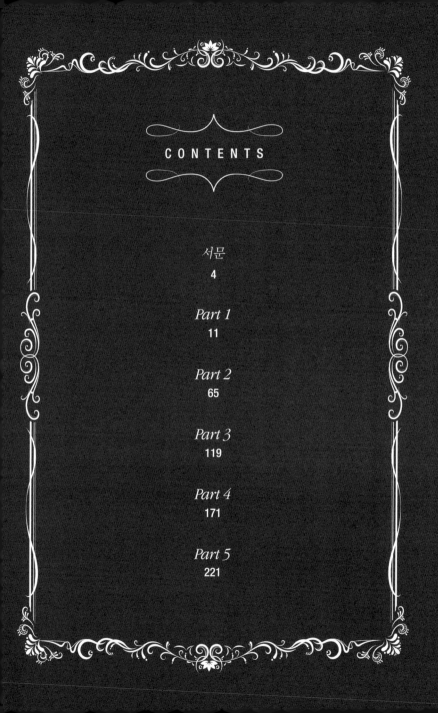

CONTENTS

Part 1

세상에 대한 환멸이 그의 영혼을 쓰디쓴 고통으로 인도했지만, 그는 머잖아 이 고통으로부터 쾌락이 태어나리라는 것을 깨닫게 된다. 그는 자신의 인생을 대표하여 지금까지 경험하지 못했던 고통이라는 폭군에 맞서 싸울 것이기 때문이다. 이것이 우리의 긍지이며, 새로운 자극이다.

-'서광'

니체는 정신병원에서 생을 마감했다. 정신병원에 입원하기 전부터 심각했던 증세는 그에게서 평범한 일상을 송두리째 앗아가는 고통이었다. 니체는 보장된 명예와 사랑과 보편적인 행복이 사라진 눈앞의 현실에 좌절하며 괴로워했지만, 고통 속에서 투쟁이라는 삶의 원초적인 욕망에 눈을 뜨게 되었다. 무릎을 꿇고 고개를 조아리며 생존을 구걸하는 인습에서 벗어나 벌거벗고 나약하기만 한 인간의 본모습에 절망할 줄 알게 된 것이다. 이로써 니체는 모든 것을 잃었으나 우주에 단 하나뿐인 자기 자신을 소유하는 주체가 될 수 있었다.

허물을 벗지 못하는 뱀은 스스로 소멸한다. 새로운 생각을 방해받은 정신은 허물을 벗지 못하는 뱀이다. 새로움에 대한 열망이 막혀버린 정신은 더 이상 정신으로서 활동하지 못한다.

−'서광'

'다름'에는 각오가 필요한 법이다. 달라진다는 것은 그림자에 머물지 않겠다는 선포이기 때문이다. 변화는 언제나 보이지 않는 곳에서 시작된다. 변화가 눈에 보이기까지 얼마나 많은 희생과 노력과 실망이 필요한지는 오직 변화를 체감하는 개인만이 말할 수 있는 증거들이다. 이 증거들이 인생이 누구의 것인지를 말해주는 목격자가 된다. 그리고 내 삶의 목격자는 원하고 있다. 왜 나는 변화해야만 하는가. 왜 나는 지금과 달라져야만 하는가, 라는 의문에 대한 해답을.

이십대는 열정적이고, 지루하며, 언제 소나기가 내릴지를 알수 없는 시기다. 이십대는 늘 이마에 땀이 맺혀 있고, 삶이 고된 노동임을 어렴풋이 깨닫게 되지만, 이를 의심하지 못하고 필연으로 받아들이게 되는 연령이다. 그래서 이십대는 여름이다. 삼십대는 인생의 봄이다. 어떤 날은 공기가 너무 따사롭고, 또 어떤 날은 지나치게 춥다. 불안과 자극이 공존한다. 지저귀는 새소리에 놀라 잠에서 깨어나곤 한다. 그리하여 삼십대는 처음으로 향수(鄕愁)와 추억을 구별하게 되는 시기인 것이다.

-'인간적인, 너무나 인간적인'

청춘은 구름 한 점 없는 하늘처럼 아직은 깨끗하고 숭고한 시절이다.

위대해지고 싶다든가, 부자가 되고 싶다고 말하는 것은 세상을 향해 거짓말을 하고, 나보다 더 많은 것을 가진 자들에게 머리를 숙이고, 나보다 어리석은 자들에게 아첨을 떨고, 나보다 가난한 자들을 속일 준비가 되어 있다는 고백과 다를

게 없다. 청춘은 정의와 함께 서 있어야 한다. 청년의 가슴 속에서 정의라는 관념이 희미해진다면 그의 청춘은 모든 함정과 위험에 직면하게 될 것이다.

벗들에게 지나간 10년, 혹은 20년의 세월을 다시 한 번 살아 보고 싶지는 않은가, 물었다. 벗들은 싫다고 대답하였다. "다 가올 20년은 분명 오늘보다 아름다울 테니까." 그들은 믿고 있었다.

−'반시대적 고찰'

나이 들어가는 것이 낯설어지는 이유는 변해버린 환경이 마음에 내키지 않기 때문이다. 그럴 때는 주위를 돌아볼 게 아니라 나 자신을 찬찬히 살펴봐야 한다. 오늘보다 미래나 과 거를 더 많이 생각한다는 것은 현재 자신이 어디로 가고 있는 지를 모르고 있다는 뜻이다. 세월은 내가 얼마나 늙었는지, 언제 죽을 것인지, 어떻게 저 세상으로 떠나게 될 것인지를 궁금해 하지 않는다. 그보다는 내가 어떻게 살아왔는지, 무엇 을 보며 살아왔는지를 더 궁금히 여긴다.

비로소 나는 고독이 얼마나 광포한 위협인지를 깨닫게 되었다. 그리고 많은 젊은이들이 나와 같은 괴로움에 시달리고 있다는 현실에도 눈을 떴다. 반자연적인 요구는 결국 또 다른 반자연적인 요구를 우리에게 명령한다. 너무나 많은 사람들이 지나치게 빨리 삶을 결정하는 바람에 버릴 수 없는 무거운 짐을 어깨에 맨 채 창백한 운명으로 살아가고 있다.

-'이 사람을 보라'

누군가에게 필요한 사람이 되고 싶다는 욕망은 우리 모두의 것이다. 그 마음에서 인간다운 활력과 기쁨이 샘솟는다. 그러나 현실에서는 나를 도와줄 사람이 없다고 불평할 때가 더 많다. 그런 불평과 실망으로부터 자유로워지고 싶다면 내 마음의 진실한 목소리에 귀를 기울여 나 자신이 나의 삶에 가장 필요한 누군가가 되려고 노력해야 한다. 그 노력이 결실을 맺게 되었을 때 비로소 세상을 의지하지 않고 자립하여 자신의 운명을 결정지을 수 있게 된다.

지속적인 명예를 원한다면 적당한 시기에 그 명예와 헤어질 줄 알아야 한다. 비록 그 연극이 고통스럽겠지만, 대중이 누군가를 절대적으로 찬양할 때 그것은 이제 그만 물러나 새것을 보여달라는 요구이기 때문이다.

－'짜라투스트라는 이렇게 말했다'

우리는 자신의 약점이 무엇인지 알고 있다. 두려움은 언제나 아는 데서 시작된다. 세상에 완벽한 사람은 없다. 만약 이 세상에 완벽한 사람이 존재한다면 그의 가장 큰 약점은 완벽함일 것이다. 약점은 내가 그것을 인식하고 인정했을 때 명예라는 훌륭한 장점으로 바뀐다. 자신의 약점을 인정할 줄 아는 사람은 상대의 약점에 대해서도 너그럽게 인정하는 마음가짐을 보여줄 수 있기 때문이다. 나의 부족함을 드러냄으로써 원만하고 부드러운 관계가 맺어지기 때문이다.

삶의 여로를 걷는 우리들은 여행자다. 가장 비참한 여행자는 누군가를 따라가는 인간이며, 가장 위대한 여행자는 습득한 모든 지혜를 남김없이 발휘하여 스스로 목적지를 선택하는 인간이다.

―'인간적인, 너무나 인간적인'

많은 사람들이 자기가 보고 싶은 것만 보려고 한다. 뻔히 보이는 오류와 거짓에 눈을 감아버린다. 정말 봐야 할 것들에 대해서도 눈을 감아버린다. 욕망, 돈, 물질적 성공의 결과는 눈동자가 빨갛게 충혈될 때까지 쳐다보면서 그 이면에 감춰진 눈물, 인내, 용기, 헌신에 대해서는 외면해버리기 일쑤다. 화려한 성공은 흐릿한 영상에 불과하다. 그 안에 새겨진 고통과 갈등, 절망의 순간들은 절대로 보이지 않는다.

친구들이여, 우리의 젊은 날에 우리는 한없이 고통스러웠다. 청춘, 그것은 마치 무거운 질병과도 같은 고뇌였다.

그 고통은 우리가 던져진 시대의 슬픔이었다. 우리들 청춘의 퇴폐와 분열은 시대의 고통이 되었다. 우리의 시대가 안고 있던 모든 연약함이 조건에 길들여져버린 우리의 청춘을 만들어냈다.

-'권력에의 의지'

　　우리 인생의 대부분이 타성에 젖어있다. 내 목소리보다 누군가의 목소리가 더 크게 들리곤 한다. 거짓과 진실은 나보다 더 큰 목소리에 의해 판가름 나는 것을 말없이 지켜볼 뿐이다. 내 안에 타인의 음성이 감춰져있다면 거기서 울려퍼지는 목소리는 내 것이 아니다. 누군가를 대신해서 살고 싶은 사람은 없다. 누군가가 나를 대신해 살아주기를 바라는 사람도 없다. 그런데 이런 일이 생활 곳곳에서 아무렇지 않게 행해지고 있다. 나도 모르는 사이에 그것들에 길들여진 채 버릇이 되고, 타성은 개성으로 둔갑한다.

단지 사람들은 다가오지 않은 내일을 위해 살아있을 뿐이다. 모레는 감히 예측할 수조차 없어 내일만 그리워한다. 저 미적지근한 바람의 기분 나쁜 숨결이 우리가 걷고 있는 이 길도 머잖아 아무도 기억해주지 못하리라는 것을 속삭여준다.

-'권력에의 의지'

하늘은 어디에서부터 시작될까? 나의 발치부터가 하늘의 시작이다. 개미를 본다. 개미에게 하늘은 어디서부터 시작되느냐고 묻는다면 더듬이 위부터 하늘이다, 라고 대답할 것이다. 그렇다면 세계는 어디서부터 시작일까? 이 질문에 대한 답은 하나다. '내가 바로 세계의 시작'이다. 한 사람의 인간은 결코 무력하지 않다. 세계를 변화시킬 자신은 우리에게 없지만 최소한 나 한 사람은 변화시킬 수 있다는 자신감은 언제든 내 것이 된다. 그리고 내가 변화하는 순간, 놀랍게도 세상이 나를 위해 변해주는 기적을 체험하게 된다.

파도에 발을 담그는 순간, 땅위를 걷던 기억은 무용지물이 된다. 그것은 굴복이 아니다. 파도에 몸을 맡긴 인간은 헤엄을 쳐서라도 살아남겠다고 선택했을 뿐이다.

-'니체 대 바그너'

때로는 내가 산이 되어 나를 막곤 한다. 때로는 내가 강이 되어 나의 걸음을 멈추게 한다. 눈앞의 산이, 다리가 놓이지 않은 강물이 나였다는 것을 알게 되었다면 더 이상 두려울 것이 없다. 마주한 산과 강물을 평지로 만들어버리는 일만 남았기 때문이다. 그 누구도 아닌 나 자신을 위해 나라는 산을 깎고, 나라는 강물을 거둬들여야 한다는 진실과 마주할 수 있다는 것은 축복이다. 나를 위해 준비된 길은 존재하지 않음을 알고 있는 자는 용감하다. 나만이 나를 위한 길이 될 수 있음을 더 이상 부정할 수 없기 때문이다.

어떤 일을 이해하는 것보다 때로는 결정하기가 더 힘들다.

－'반시대적 고찰'

　번민 없는 인생이 어디 있을까. 번민은 욕심에서 태어난다. 다행히 우리에겐 욕심보다 강한 무기가 있다. 보다 나은 내일을 갈망하는 마음이다. 소망이 욕심보다 약해졌을 때 정도에서 벗어난다. 뿐만 아니라 정의라는 단어를 잊어버리게 된다. 인생의 목적은 전진이다. 오직 앞으로 나아가고자 허기진 배의 소란을 무시한다. 저만치 언덕이 있고, 작은 강물이 흐르고, 진창이 있고, 암벽이 가로막고 있다. 걸음을 옮기기에 부담이 없는 무른 흙길과 평탄한 시내와 아름다운 숲만을 거닐려고 해서는 안 된다.

"너는 어쩜 그리도 단단할 수가 있지?" 숯이 다이아몬드에게 물었다. "우리는 가까운 동족이잖아. 그런데 너와 나의 운명이 이토록 달라져야 한다니."

-'짜라투스투라는 이렇게 말했다'

오늘은 항상 최악이다. 그런데 내일은 오늘보다 더 나쁠지도 모른다. 그것을 알면서도 내일을 준비해야만 한다. 그것이 인생이라는 나그네의 길임을 알고 있기 때문이다. 지상에는 육신을 편히 쉬게 해줄 수 있는 안식의 땅이 없다. 평안과 안식과 행복과 족함은 나에게서 삶의 의지를 빼앗는 적이다. 사는 데 부족함이 없다는 고백은 나의 삶이 누군가로부터 사육되고 있다는 고백일 수도 있다는 것을 주의해야 한다. 보이지 않는 덫과 울타리에 갇혀 안전한 일상을 누리는 동안 수많은 기회와 가능성들이 내 곁에서 사라지는 것이다.

나를 가로막던 해변이 눈앞에서 사라졌다. 마지막 사슬도 나를 놓아주었다. 영원한 세계가 나의 주위에서 울부짖고, 공간과 시간은 더 이상 나를 위협하지 못한다. 그러니 두려워말고 일어나라! 늙은 마음이여!

-'짜라투스트라는 이렇게 말했다'

삶의 순간들은 머나먼 항구로 떠난 배가 바다에서 맞닥뜨린 풍파를 닮았다. 풍파 없이 배가 목적지에 닿는 법은 없다. 그러므로 시련은 전진하려는 자의 벗이다. 절망에서 기쁨을 만나게 되는 것이다. 파도가 치지 않는 바다처럼 지루한 것이 또 있을까. 절망이 더해질수록 가슴은 두근거린다. 역사에 등장하는 성공한 사람들이 걸어온 길의 출발은 고통의 입구였다. 그들은 자기희생의 강요를 통해 완성되었다. 자기를 희생할 줄 아는 사람만이 훗날 목적지에 도착하는 특권을 누렸다.

우리의 판단이 오류일지라도 상관없다. 보다 분명하게, 노골적으로, 근본을 파헤쳐 말한다면 인생은 '가능하다'라는 대답을 원치 않는다. 우리는 벌써 오래 전에 판단에 대해 말할 권리를 상실했다. 우리의 입으로 오류를 따지는 것 자체가 잘못된 판단이다. 우리는 그저 어떤 판결을 받게 되더라도 나아갈 뿐이다.

-'선악을 넘어서'

가진 자는 더 많은 것을 가지려고 탐욕에 길들여지고, 이름을 얻은 자는 그 이름 앞에 굴복하는 이름들을 늘리려고 무고한 이름들의 희생을 계획하게 된다. 가진 자는 **빼앗김**을 두려워하고, 이름을 얻은 자는 기억되지 못함을 두려워하며 살아간다. 가진 자의 관심은 가진 것들을 향하고, 이름을 얻은 자의 관심은 그의 이름에만 갇혀버리게 되는 것이다. 그런 인생은 비워진 항아리와 같아서 겉으로 보기에는 속이 어두워 그 안에 무엇이 들어있는지 기대가 되지만 막상 손을 **뻗어** 밑바닥을 더듬거려보면 차가운 옹기그릇에 손가락이 시릴 뿐이다.

나는 '나'에 대해 이야기하고 싶다.

그래서 먼저 '나' 자신에 대해 알아볼 것이다.

−'선악을 넘어서'

산에 오르고 싶다면 남을 따라가서도 안 되고, 자기 능력을 무시한 채 무리해서도 안 된다. 정상을 바라보며 한눈팔지 말고 묵묵히 걸음을 옮겨야 하는 것이다. 너무나 평범한 방법이지만 이것이 산을 무사히 정복하는 최고의 방법이다. 산다는 것 자체가 거대한 산인지도 모른다. 그 산이 평지가 되기 전에 최선을 다해 올라가야 하는 의무가 버겁더라도 시도하는 자는 바라만 보는 자와 달리 언젠가는 인생의 풍성함을 맛보게 될 것이다. 내 안에 깃든 수많은 재능과 노력과 열정에 탄복하며 자신이 곧 세상의 전부였음을 깨닫게 되는 것이다.

나는 부정할 것이다. 아니, 부정하지 않을 수 없다. 왜냐하면 나의 내부에 내가 모르는 무엇인가가 살아 움직이고 있으며, 스스로를 긍정하려는 몸부림에 괴로워하고 있기 때문이다. 이제껏 내가 몰랐던, 그게 아니라면 미처 발견하지 못했던 무엇인가가 나의 내부에서 꿈틀거리고 있는 모양이다.

-'즐거운 지식'

눈물을 쏟아내지 않고는 이 어둔 골짜기에서 길을 찾지 못한다. 마음이 추악한 이기심에 병들어 절망을 토해내지 않는 한, 하나뿐인 내 영혼은 빛을 찾아내지 못한다. 슬픔과 괴로움 속에서 기쁨을 찾지 못한 청춘은 인생의 지혜에 닻을 내리지 못하고 삶이라는 바다 위를 언제까지나 외로이 떠돌게 될 것이다. 고뇌의 기쁨을 맛보지 못한 청춘은 청춘이 아니다. 살아있어도 살아있는 게 아니다. 우리에게 필요한 절망은 능동적인 절망이다. 욕망은 가장 순수한 의지다.

나에게 길을 묻는 자들에게 나는 이렇게 대답해주었다. "이것은 나의 길이다. 그대들의 길은 어디 있는가?" 나는 그들에게 길을 가르쳐주지 않았다. 왜냐하면 처음부터 길은 존재한 적이 없기 때문이다.

—'짜라투스트라는 이렇게 말했다'

　　리투아니아 속담에 과거를 그리워하는 까닭은 과거라는 시간 속에 '자기'가 있었기 때문이라는 말이 있다. 이미 지나온 길을 더듬는 것은 후회만큼이나 무의미하다. 지금 열중하고 있는 그 길에서 즐기는 것이 가장 중요하다. 현재의 나를 만족시켜주는 그 일이 내가 찾던 일이며, 내게 필요한 일이며, 나아가서는 나라는 사람 그 자체이기 때문이다. 인생은 이정표가 없는 여행을 닮았다. 나와 같은 길을 걸어가는 친구는 세상에 오직 나 한 사람뿐이다. 그 길에서 나를 만나지 못한다면 내 곁에는 결국 아무도 남지 않는다.

죽음을 피하고 싶다면 생명만큼 값진 것을 바쳐야 한다. 이 목적을 달성하기 위해 생명이 지속되는 한, 나는 수없는 죽음을 감내할 것이다.

-'이 사람을 보라'

모든 인생에는 목표가 있어야 한다. 그런데 목표를 향한 발걸음보다 목표를 정하기까지의 갈등이 사람을 지치고 절망하게 만든다. 이것이다, 라는 확신은 다음 순간 절망이 되고, 깨달았다고 생각했을 때 내게는 더 이상 참고 기다릴 만한 여유가 없음에 또 절망한다. 그런 사람들이 모르고 있는 진실이 한 가지 있다. 목표는 찾아야 될 존재가 아니라는 것이다. 목표는 스스로 창조해야 될 발명품이다. 목표가 없는 수고는 방황에 불과하다. 목표를 이룬 자들이 거둔 승리와 성공이 내가 찾는 해답이 될 수는 없다.

인생의 진리를 정하는 기준이 '나'라는 것을 손에 넣지 못했다. 결정하는 권한은 내게 있었다. 마치 내 안의 의지가 가파른 비탈길에 촛불을 켜놓는 것처럼. 그것은 어디까지나 나의 자유였다. 나의 의지는 비탈길에 촛불을 켜놓았다. 비탈길, 이것이 내가 선택한 진리다.

-'이 사람을 보라'

우리가 살고 있는 세상을 돌아보면 하지 말아야 될 것들과 반드시 해야 될 것들로 가득하다는 걸 알게 된다. 자유마저도 의무가 된 세상을 살아가고 있다. 개성이라는 그럴듯한 말로 포장되었지만, 진실은 유행의 숱한 변화를 따라가다가 나를 잃어버렸다는 점이다. 오늘의 유행이 내일은 또 다른 유행으로 바뀐다. 나한테 그 유행이 어울리는지를 생각할 여유는 없다. 유행을 좇다보면 마치 그 변화가 내 안에서 일어난 것처럼 착각하게 된다. 이쯤 되면 잠식이라고 불러도 무방하다. 변화마저도 강요받는 세상을 살아가고 있는 것이다.

격렬한 호기심이 나를 나의 자리로 되돌려놓는다.

-'선악을 넘어서'

소크라테스는 죽음이 눈앞에 닥친 그때에 '너 자신을 알라'고 말했다. 그는 여기가 어디냐고 묻지 않았다. 내가 왜 감옥에서 죽어야 되느냐고 불평하지도 않았다. 단지 '너 자신을 알라'고 말했다. 옆에 있던 제자들이 아닌, 소크라테스 본인에게 들려주고 싶었던 해답이었다. 사람들 속에서 뭔가를 해내고 싶다고 소망하기 전에 스스로를 돌아봐야 한다. 세상 앞에서 당당해지기 위해 인생을 담보로 성공을 갈망해서는 안 된다. 오직 자기 자신을 위해, 오직 나 한 사람을 위해 살아가는 것뿐이다.

우리가 스스로 자신의 권리를 의심하게 되었을 때, 나아가 그 권리를 보다 나약하고 가벼운 것으로 바꾸려 시도했을 때 우리는 병에 걸린다.

-'니체 대 바그너'

나를 어떻게 생각하느냐에 따라 인생의 방향이 달라진다. 인생을 계획하기 전에 우선 나에 대한 철학과 신념이 완성되어야 한다. 나에 대한 정리가 마무리되었을 때 세상을 바라보는 시선도 자연스레 정해진다. 물질적인 성공을 바란다면 자신을 물질의 일부로 바라봤다는 뜻이다. 자신에게 원했던 것처럼 세상에게도 물질적인 성공과 부요함을 요구하게 될 것이며, 그런 인생은 물질로서의 한계에 도달하고 만다. 그렇게 채워 넣은 세월들이 물질로서의 가치를 잃게 되었을 때 그 빈자리를 채우는 것은 회한과 실망이다.

그대들 젊은 영혼 속에 미래를 건설하라. 아류라는 미신을 배척하라. 그대들이 미래의 삶을 지향함에 있어 무엇이 필요한지를 스스로 알게 될 것이다. 그 대신 역사를 향해 아무것도 묻지 마라. 반대로 역사에게 그대를 드러내라. 그리고 약속된 시간이 도래할 때까지 조용히 성숙하라. 그대들을 지배하고 착취하기 위해 성숙시키지 않는 것이 유리하다고 생각하는 저 현대교육이 완전히 마비될 때까지 기다려라. 미래에 그대들의 전기는 통속소설 같은 유치한 제목이 아니라 시대를 거스른 투사로 그려질 것이다.

–'반시대적 고찰'

청춘은 절망에서 태어난다. 그러나 청춘이 들려주는 절망은 끝이 아니다. 하나의 몰락을 통해 새로운 가치가 잉태하고 태어나는 위대한 절망이다. 새로운 '나'로 태어나기 위해 현존하는 '나'의 청춘이 희생되는 것이다. 그렇기 때문에 청춘의 절망은 궁극의 희망이다. 고통은 소멸해야만 끝나는 아픔이 아니다. 그 아픔 끝에서 새 생명이 탄생하고, 새로운 시대가

열리고, 새로운 가치관이 성립된다. 거칠고 때로는 표독스럽
기까지 한 날카로운 의심들이 생애의 마지막 순간까지 살아
남아 내 안에서 약동하는 것이다.

우리가 갑자기 어떤 사항에 관한 질문을 받게 될 경우, 제일 먼저 떠오르는 생각은 우리 자신의 의견이 아니다. 우리를 짓누르는 계급과 지위와 태생에 따라다니는 상투어에 지나지 않는다. 나의 의견은 결코 표면으로 떠오르는 법이 없다.

–'인간적인 너무나 인간적인'

우리는 백사장의 모래 한 알갱이가 아니다. 하늘에 떠 있는 수많은 별빛들 중 하나다. 나보다 더 빛나는 별도 있다. 나보다 더 큰 별도 있다. 그 척도는 지구와 별의 거리에 불과하다. 지금 당장은 나보다 그 별이 지구와의 거리가 좀 더 가깝다는 이유로 나보다 좀 더 밝게 빛나고 있을 뿐이다. 단지 각자가 처한 환경 때문에 더 크고, 더 빛나게 보이는 것뿐이다. 인생도 마찬가지여서 성공과 실패를 척도로 삼아서는 안 된다. 그것은 나에 대한 긍지가 별빛에서 백사장으로 추락하는 변명 거리에 불과할 따름이므로.

거세된 사회에서의 삶. 산에서, 또는 바다의 모험에서 살아 돌아온 야생의 인간은 이 거세된 사회에서 퇴화된 종자로 길들여지고, 결국 범죄자로 전락한다. 왜냐하면 이 야만인들은 인류가 의지하는 사회의 존속보다 훨씬 강력한 신념으로 자신의 삶을 증명해내는 범죄를 저질렀기 때문이다.

-'우상의 황혼'

삶에도 영양제가 있다. 좋은 학벌, 부유한 부모, 능력 있는 친구들이다. 사회라는 치열한 경쟁의 틈바구니에서 유명 메이커 런닝화는 발바닥의 통증을 완화시켜주고 무릎의 부담을 덜어줄지도 모른다. 그러나 여기까지다. 발바닥의 통증은 아프기는 해도 걸음을 멈추게 만들 정도는 아니다. 좋은 학벌은 그간의 노력에 대한 격려는 될 수 있어도 미래의 내 인생, 그 자체가 되어주지는 못한다. 시들어가는 이파리를 살리는 것은 가능해도 식물 그 자체의 생존을 보장해주는 것은 값비싼 영양제가 아닌 흔해빠진 물 한 모금이다.

자기의 정신에 새로운 혁명을 일으킨 자들은 어느 한 시기동안 저 끝없는 노예제도에 종속된 인도의 천민들처럼 어둔 숙명을 이마에 낙인처럼 붙이고 다녔다. 그들은 스스로 저 무거운 숙명을 이마에 새긴 채 거리를 활보했다. 자신을 노예로 전락시키기 위해서가 아니었다. 그들의 혁명을 가로막는 일반인들의 상식으로부터 간격을 유지하기 위해서였다.

-'우상의 황혼'

사회는 문명의 일부에 불과하다. 사회는 국가라는 정복자의 강압에 의해 언어와 삶과 문화를 강요한다. 이런 특수성 앞에서 개인이라는 존재는 너무나 미약하다. 모두가 같은 생각을 해야 하고, 같은 목표를 꿈꾸고, 같은 길에서 싸워나가야 하는 사람들로 사회는 북적거린다. 이것은 일종의 폭력이다. 사회는 존재 자체로 개인에게 폭력적일 수밖에 없다. 그 거대한 힘에 굴복할 것인지, 아니면 맞서 싸우다가 도태될 것인지, 혹은 그 거대한 힘을 만들어내는 자가 될 것인지는 각자의 판단과 노력에 달려있다.

이 천박한 취향, 진실을 향한 의지, 모든 것을 초월하는 진리에 대한 믿음. 청년들은 더 이상 광기어린 사랑에 몸을 내던지지 않는다. 그들은 지나치게 노련하며, 진지하고, 정열적이다. 베일을 벗기기만 하면 곧 진실이 드러나리라는 거짓말에 속지 않는다. 이 속된 표현을 믿기에는 그들이 너무 늙어버렸다.

-'니체 대 바그너'

스스로를 존중해야 하는 정당한 이유를 찾는다면 우리 안에 내포된 의지를 꼽을 수 있다. 우리 안에 깃든 자유를 향한 갈망, 그리고 이를 실천에 옮기는 용기야말로 삶을 통찰하는 지식의 근본이며, 젊음이 가진 힘의 원천이다. 비열한 욕망으로 의지라는 권리를 상실하지만 않는다면 의지는 우리 자신을 우리가 보유한 가장 위대한 힘으로 여기게 될 것이다. 개인은 그 자체로 하나의 사회이며, 그것은 곧 인간으로서 간수해야 될 미덕이다.

삶을 향한 우리의 강인한 의지, 권태에서 벗어나고자 몸부림
치는 기나긴 싸움, 삶이 허락하는 덧없는 선물에까지 감사의
눈물을 흘리는 여린 심정에 인생은 합당한 축복을 내린다. 그
축복으로 우리는 마침내 삶이 보여줄 수 있는 최고의 가치를
얻게 된다. 살아가야 될 이유를 찾게 되는 것이다.

-'인간적인, 너무나 인간적인'

생활의 사소한 순간에서 위로받는 까닭은 사소한 순간에서
고통 받아왔기 때문이다. 자기 자신에 대해 누구보다 잘 알고
있다고 말하는 자일수록 자기 자신을 누구보다 사랑하는 자
가 극히 드문 이유는 형식과 진실의 거리는 비교도 안 될 만
큼 멀기 때문이다. 행복을 손에 넣고 싶다면 인생의 목표가
행복이 되어서는 안 된다. 행복 이외의 다른 목표를 추구해
야 한다. 행복은 수단을 통해 달성되지 않는다. 어떤 목표를
향해 실천을 도모했을 때 길의 중간에서 우연찮게 얻은 물 한
모금 같은 것으로 여기는 게 마땅하다.

인간은 자신을 완성시킨다는 명분아래 거북이처럼 감각을 자기 안으로 끌어들였고, 지상의 모든 존재와의 교섭을 중단했으며, 끝에 가서는 인간이라는 이름마저 포기했다.

-'안티 크리스트'

완성의 첫 번째 전제가 검토라는 것을 모르는 사람들이 너무나 많다. 발상이 앞장서는 완성은 지팡이를 상실한 장님의 달음박질이다. 세상은 육체의 동공만으로 이해하기에는 그 범위가 무한에 가깝다. 우리에게 완성을 주문하는 사회적 신분 또한 너무나 다양하다. 따라서 이런 모순에 대항하기 위해서는 제일 먼저 검토가 이뤄져야 하는 것이다. 체험이란 사전에 검토를 동반한 예측이며, 이런 능력이 뛰어난 사람일수록 피해망상의 그루터기에 발목이 걸리지 않고 자신의 길을 걷게 된다.

늑대가 개의 증오에 시달리듯 쇠사슬을 벗어던진 자, 권위를 숭배하지 않는 자, 숲속에서 홀로 살아가는 자들은 자유로운 정신이라는 이름으로 대중의 증오에 시달린다.

−'짜라투스트라는 이렇게 말했다'

집단주의, 교육, 신분의 차별과 물질에 대한 소유욕은 개인의 욕망이라기보다는 '사회성'에 굴복한 인간의 어둔 면모에 지나지 않는다. 사회성이라는 것은 개인의 주관이 도사리고 있는 마음 깊숙한 곳을 태워 없애버리려고 피어오른 불길이다. 이 불길은 들판에 내려쳐진 번개의 티끌에서 옮겨 붙은 자연발생적 불꽃이 아니다. 인간은 주관을 뿌리로 하는 독립된 현상인데, 사회라는 곳은 비교우위에서 결단코 인간을 지배할 수 없다. 그럼에도 우리가 사회에 속박되는 원인은 우리가 스스로를 독립적인 하나의 현상으로 봐주지 않았기 때문이다.

청춘은 숭배하거나, 혹은 멸시한다. 청년은 항상 누군가를 숭배하거나, 누구 때문에 분노한다. 그는 진실을 위조하고, 그것에 자신의 격정을 남김없이 쏟아버린다. 청춘이란, 정확히 말하자면 사기이며 허상이다. 그의 환멸은 세계가 아닌 자기 자신에 대한 폭력이다. 그의 고뇌는 다가올 미래에 대한 양심의 가책이다. 그는 자신이 이 비열한 세계의 일부였음에 분노하고, 그에 대한 반항으로 스스로를 갈기갈기 찢어버릴 수밖에 없음에 실망한다. 그리고 10년이 지난 후에야 비로소 깨닫는다. 이것이 청춘이었음을.

-'선악을 넘어서'

인간의 특성은 다음과 같다. 우리들 인간은 자신에게 주어진 환경과 조건들을 아주 당연하게 생각하고 있다는 것. 젊음도 마찬가지다. 나의 젊음은 어떤 경우에도 완벽하게 작용하며, 유별난 개성이 있고, 그래서 더없이 아름답다고 믿는 청춘들이 부지기수다. 젊음은 의심하는 법이 없다. 젊음은 일종의 작용이다. 인생의 한 시대에 걸쳐 독특하게 세상과 반응하는 개별적인 능력이다. 젊음은 절대적이지 않다. 젊음에는 한 계가 있으며, 일정한 영역이 있고, 결국에는 기나긴 인생에 종속되는 일부일 뿐이다.

'너 자신이 되어라'의 진정한 의미는 언제나 소수만이 깨닫는다. 더구나 이들 깨달은 소수 중에서도 더욱 한정된, 극히 일부 사람들만이 모든 진실을 깨닫게 된다.

–'인간적인 너무나 인간적인'

인간은 자기만족으로는 충분하지 못한 존재다. 위대한 영웅으로 칭송받는 인물들조차 평범한 사람들과의 자연스런 교제와 사소한 웃음에 갈증을 느꼈다. 타인의 평가는 물론이고 본인 스스로도 나는 위대하다고 확신하는 사람들은 자신의 일상에 평범함이 스며드는 것을 두려워한다. 평범한 일상에 이토록 만족할 수 있다는 것을 깨닫고 정신적인 충격에 사로잡힌다. 그와 동시에 자신을 만족시켰던 오직 단 하나, 자기만족의 기쁨이 어리석음이었다는 것을 깨닫는다. 자기 자신에게 만족하면 만족할수록 더 큰 소외감과 상실감에 시달리게 되는 것이다.

자유롭고 싶다면 먼저 자기 자신부터 자유롭게 내버려둘 수 있어야 한다.

-'즐거운 학문'

　인생이라는 연극무대에서 중요한 것은 얼마나 연기를 잘하느냐가 아니다. 내가 주인공으로서 그 무대에 설 수 있는가도 중요하지만 연극의 목적이 감동이라는 것을 잊어서는 곤란하다. 감동이 없는 연극은 상연할 가치가 없다. 이와 동일하게 감동이 제외된 인생은 유지할 이유를 찾지 못한다. 나의 삶이 자유롭지 못하다는 것은 인생에서 감동이 사라졌다는 신호다. 나를 옭아매는 답답한 현실로부터 해방되기 위해서는 스스로 감동하는 삶을 살아야 한다. 그 방법밖에는 없다.

전염병이 유행할 때마다 의사들이 제일 먼저 감염된다.

－'반시대적 고찰'

    내가 평소에 무슨 생각을 자주 하는지 관찰한다면 앞으로 무슨 말을 해야 할지 알게 된다. 내가 평소에 자주 쓰는 말을 관찰함으로써 앞으로 어떻게 행동해야 옳은지를 알게 된다. 자신의 평소 행동을 관찰한다면 어떤 습관이 필요한지를 알게 된다. 나의 습관을 관찰함으로써 나만의 개성이 무엇인지를 알게 된다. 나만의 개성을 알게 된다는 것은 앞으로 어떤 운명을 살아가게 될지를 알게 된다는 뜻이다. 이것이 세상에서 가장 당연한 존재처럼 여겨지는 나를 독창적으로 만들어나가는 방법이다. 기존의 것들에는 약점이 있기 마련이다.

지혜의 증가는 불만의 감소로 측정된다.

－'인간적인 너무나 인간적인'

밭에 난 잡초를 뽑아 거름으로 쓰는 것이 지혜다. 인생의 고비마다 찾아오는 고난의 대비책도 이와 같다. 내버려두면 무성해져서 곡식을 망치는 잡초이지만 조금 서둘러서 뿌리가 얕을 때 뽑아버린다면 힘들이지 않고 곡식을 여물게 할 수 있다. 뽑아버리는 것으로 그치지 않고 그늘에서 말려 퇴비로 썩힌다면 공짜로 질 좋은 거름을 얻게 된다. 밭에서 자란 잡초를 거름으로 만들어 밭으로 돌려보낸다면 추수가 늘어난다. 다행히 우리에겐 잡초를 뽑아버릴 힘과 잡초를 거름으로 만들어 밭에 뿌릴 지혜가 있다.

그대는 무엇을 믿는가? 그대가 자유에 도달했다는 징표는 무엇인가? 나라는 존재를 떠올렸을 때 더 이상 수치스럽지 않다는 것. 그것이 유일한 징표다.

—'즐거운 학문'

역사상 위대했던 인물들이 일반인보다 행복하지 못했던 이유는 바로 이것이다. 우울증에 시달리고, 작은 실수에도 화를 참지 못하고 절망했던 까닭은 그들이 자기만족만을 추구하며 살아왔기 때문이다. 조화보다는 배타를, 사랑보다는 증오를, 인내보다는 충족을 추구하며 살아왔기에 인생 앞에서 감사를 잊어버리게 된 것이다. 그 결과 삶은 쓸쓸해지고 그가 이룩한 업적은 사람들의 인생 속에서 아무런 의미도 찾지 못하게 된다. 나 이외의 사람들 속에서 나의 존재가 인정받고 베풀고 공유하게 되었을 때 삶은 그제야 안락한 보금자리가 되어준다.

새해 첫날에는 자신의 소망과 가장 사랑하는 상념을 모두 씻어버려야 한다. 나 역시 자신이 무엇을 소망하는지, 어떤 상념이 올해 들어 가장 먼저 달려올 것인지, 어떤 생각이 앞으로 내 모든 생활의 토대가 되고, 보증이 되고, 기쁨이 될 수 있을 것인지 떠들고 싶어졌다. 세상에서 비롯되는 필연적인 사건을 진정한 아름다움으로 받아들이는 것. 나는 이것을 배우고 싶다.

−'즐거운 학문'

이 세상 모든 위대한 건축물은 처음에 한 사람의 머릿속에서 계획되었다. 우리가 바라는 미래도 오직 내 머릿속에만 있다. 생각이라는 샘물은 마르지 않는 우물이다. 우리가 마시기를 거부했을 뿐. 창조적인 생각에는 날개가 있다. 우리가 그 날개 위에 올라타기만 한다면 저절로 하늘을 날아다니게 될 것이다. 가장 손쉬운 방법을 곁에 놔두고 값비싼 비행기표를 예약하는 것은 어리석은 짓이다. 인간의 머릿속에서 조약돌은 바위산이 되기도 하고, 바위산은 조약돌이 되기도 한다.

지금 나는 그대들에게 명령하노라. 나를 잃어버리고 너희들 자신을 발견하라. 그대 모두가 나를 부정할 수 있게 된다면 비로소 나는 그대들에게 돌아가리라.

－'짜라투스트라는 이렇게 말했다'

나에 대한 절망 없이는 나에 대한 애정이 샘솟지 않는다. 나에 대한 애정 없이 나를 창조하는 것은 논리에 맞지 않는다. 우리에겐 삶과 죽음이라는 모순이 던져졌고, 그 사이에서 100년에 가까운 세월을 방황하도록 운명이 정해졌다. 그 끝에 죽음이 있다. 그러나 죽음은 끝이 아니다. 고통도 아니다. 죄에 대한 형벌도 아니다. 죽음이 있기에 삶은 더욱 위대해졌다. 나는 언젠가 죽을 운명임을 알고 있으며 시간이 되면 영원히 사라질 존재임을 알고 있기에 매 순간 최선을 다하고자 결심한다. 인생은 살아볼 가치가 있다고 믿게 되었다.

인간은 망각을 배우지 못한다. 그는 늘 지나간 과거에 매달리는 자신을 이해하지 못한다. 그가 아무리 빨리, 그리고 멀리 달아나더라도 쇠사슬은 언제나 그의 바로 뒤에 있다.

−'반시대적 고찰'

지난 세월 동안 하고 싶은 일은 모두 하면서 살아왔다. 세상의 도덕도, 다른 이의 시선도 의식하지 않았고, 사람들의 불행에도 눈을 돌리지 않고 오직 나만을 생각하며 인생길을 배회했다. 과거의 나는 세상에 미련이 없었던 모양이다. 생에 대한 집착도 없었고, 나의 생명뿐 아니라 모든 사물에 대해 관심이 부족했다. 사랑하는 사람과 헤어져야겠다는 결심이 서면 몸에서 비늘을 훑어내듯 미련도 남기지 않고 떼어버렸다. 이런 내가 아직도 글을 쓰는 것은 과거의 나를 부끄러워하기 때문인지도 모르겠다.

그대는 다음과 같은 질문에 대답해야만 한다. "그대의 마음 깊숙한 곳에서 삶을 긍정하고 있는가? 그대는 현재에 만족하는가? 그대의 미래는 무엇을 기대하는가?" 만약 당신의 대답이 진심이라면 이 잔인한 삶에서 해방될 것이다.

-'반시대적 고찰'

실수는 부끄럽다. 하지만 실수를 후회하는 마음까지 부끄럽게 여겨서는 안 된다. 우리는 인생에서 많은 것들을 배웠다. 그중 하나는 어려운 길일수록 자신감이 배가 된다는 것이다. 그 길을 택하기에 앞서 숱한 패배와 좌절을 각오했기 때문이다. 쉬운 길일수록 사람을 약하게 만든다. 이 길에서는 실패가 용납되지 않음이 부담스럽기 때문이다. 고난의 길에서는 실패가 부끄럽지 않다. 이것은 어디까지나 도전이므로. 인생에서 우리가 상실을 체험하는 까닭은 내가 충분히 할 수 있다고 생각되는 일만 선택해서다.

독창적이란 무엇인가? 그것은 새로움이 아니다. 오래된 것, 예전부터 다들 알고 있던 것. 모두가 보고 있었지만 무시되어왔던 것을 새롭게 받아들이는 행위는 진실로 독창적인 두뇌를 소유하고 있다는 증거다. 최초의 발견자는 늘 그래왔다. 그들은 멍청한 공상가였으며, 이는 다시 말해 모든 새로움은 우연에 불과했다는 뜻이다.

-'인간적인 너무나 인간적인'

풍파는 해저에 가라앉은 영양분을 파도 위로 떠올린다. 변화는 나약해진 인간에게 새로운 기운을 불어넣어준다. 낙심은 변화를 거부한 데서 전염된 마음의 병이다. 현재의 생활에 만족하지 못하겠다면 새로운 변화를 스스로 준비해야 한다. 생선이 먹고 싶다면 우선 집으로 달려가서 낚싯대를 만들어야 한다. 이것이 첫 번째 변화다. 그리고 낚싯대 끝에 미끼를 달고 바다에 던져야 한다. 이것이 두 번째 변화다. 모든 변화는 창의력에서 시작되고, 창의력은 굶주림에서 만들어진다.

나는 우리 시대의 도덕을 극도로 혐오한다. 이건 하지 마라! 단념해라! 너 자신을 극복하라! 나는 이런 외침들을 증오한다. 내가 생각하는 진짜 도덕은 움직이도록 이끌어주고, 반복할 때까지 자극하고, 아침부터 저녁까지 늘 함께 있어준다. 밤에 꿈을 꿀 수 있는 자유를 허락해주며, 이것 외에는 우리에게 아무것도 요구하지 않는 목소리야말로 도덕이라는 개념의 진실이다.

-'즐거운 학문'

　사회라는 외부환경에 노출되어 살아가는 인간이 외부의 강압적인 요인에 굴복했을 때 우리는 의지를 상실한다. 그 이유는 삶이 나의 뜻대로 순환되지 않고 외부의 흐름을 따라가기 때문이다. 따라서 나약한 의지는 자기 탓만은 아니다. 사회에도 일정부분 책임이 있다. 거대한 사회가 구성원 각자의 의지를 존중할 수 없다는 것은 누구나 알고 있는 사실이다. 인간은 스스로 조물주가 되어 자신의 신념을 구축해나가야 한다. 이때 필요한 것이 바로 결단, 즉 결연한 의지다. 마음에서 의지를 만드는 것이 아니라 의지로 마음을 만들어내는 것이다.

정신이 진리를 견뎌낼 수 있을까. 정신이 진리에 감히 맞서 싸울 수 있을까. 이것이 나에겐 가장 중요한 가치다. 오류는 맹목으로 인해 발생하지 않는다. 오류의 어머니는 두려움이다. 인식이 얻어낸 모든 성과, 진리를 향한 위대한 첫 걸음은 용기라는 피조물의 선택에 불과했다.

-'이 사람을 보라'

사소한 일을 목전에 뒀다고 해서 우리의 마음까지 사소하게 만들어서는 안 된다. 이는 자신의 마음이 사소해지는 원인이다. 하찮은 것들은 비뚤어져도 상관없다는 생각은 스스로를 비뚤어지게 만드는 추진력이다. 비록 하찮은 실천이라도 그 마음만큼은 존귀하다. 부처는 하다못해 밥을 지을 때도 정성을 다 쏟았다는 말이 전해진다. 그 모습을 보고 제자가 부처에게 물었다. '사람이 어찌 이렇게 살 수 있습니까? 무슨 수로 그 모든 일들에 열심을 다한단 말입니까?' 그러자 부처는 '사람으로 태어난 나의 처지가 미천하여 천한 일도 마다할 수 없었기에 마다하지 않았을뿐이다'라고 대답했다.

잠시나마 이성의 자유를 맛본 자는 지상에서 자신의 위치가 방랑자에 머물고 있음을 순순히 인정한다. 여행자는 목적지를 향해 출발한 것이 아니다. 목적지 따위는 애초부터 있지도 않았다.

-'인간적인 너무나 인간적인'

우리는 선택과 거부의 갈림길에 서 있다. 우리의 수명이 다하는 날까지 벗어날 수 없는 굴레다. 그에 대한 책임과 성과는 각자의 몫. 드러난 것만 바라본다면 인생은 겉치레의 틀에서 빠져나오지 못한다. 드러나지 않은 것을 보려고 한다면 인생의 가장 비밀스럽고도 놀라운 기적들을 여행하게 될 것이다. 인생은 선택의 연속이며, 선택은 곧 도전, 그리고 인생의 숙명이다. 우리가 각자의 삶에서 찾고자 하는 행복, 건강, 안정, 재산, 우정, 가족 등은 우리가 어떤 선택을 하고, 과감히 시도했느냐에 따라 모습이 달라진다.

스스로에 대해 아무런 의견도 말하지 않는 것은 고상한 위선
이다.

-'인간적인 너무나 인간적인'

사회라는 외부환경은 구성원인 인간에게 끊임없이 의견을
요구한다. 인간에게 만족을 제공하기보다는 오히려 늘 뭔가
를 포기하도록 요구한다. 사회의 성격을 파악하여 자신의 생
각대로 실천하는 삶을 살아가고자 노력하지 않는 한 수탈과
억압의 시대에서 개인의 인격을 지켜내지 못하게 된다. 인생
에서 실패한 사람들은 의견을 보여주지 못한 자들이다. 자신
의 힘으로 뭔가를 쟁취하려고 생각하지 못한 자들이다. 의견
이란 풀어서 설명하면 결연한 의지다. 마음이 의지를 움직이
고, 의지가 혈관에서 피를 뿜게 하고, 피는 몸을 일으킨다.

지금 내가 나의 길을 제대로 걷고 있는지 궁금하다면 자신의 걸음걸이를 살펴보면 된다. 네가 걷는 모습을 지켜보라! 목표에 근접한 자는 춤을 추는 법이다. 대지의 수렁과 깊은 슬픔에 마주쳤더라도 발걸음도 가볍게 진창 위를 사뿐거리며 단단한 얼음 위에서 미끄러지듯 춤을 추고 있을 것이다.

-'짜라투스트라는 이렇게 말했다'

　인생은 거대한 원석이다. 이 돌에 신을 조각할 것인지, 아니면 악마를 조각할 것인지는 전적으로 개인의 자유와 선택에 달려있다. 이 세상에 내가 존재한다는 거짓말에 더 이상 속아 넘어가서는 안 된다. 내가 살아가기에 이 세상이 존재한다는 진실만을 받아들이고 기억해야 한다. 지금 우리는 인류 역사상 처음으로 다양성에 직면했다. 지금까지 인류의 역사는 획일화를 향한 투쟁이었다. 나와 다름을 인정하지 않는 세계에서는 우리가 가야할 길이 뚜렷했고 단순했다. 그만큼 낙오자도 드물었다. 하지만 이제는 남들과 구별되는 유일한 길을 찾아내야 한다는 숙명을 강요받고 있다.

나를 증오하는 자들을 두려워해야 한다. 언젠가는 그 원한과 복수에 제물로 쓰이게 될지도 모르니까. 그러므로 어떻게 해야 그들이 나를 사랑하게 될지, 그들을 유혹할 수 있을지 고민해보도록 하자.

-'아침놀'

죽이고 싶을 만큼 미워하는 감정은 사랑의 이면이다. 사랑하지도 않고 미워하지도 않는다…. 세상에서 냉담한 무관심만큼 무서운 것은 없다. 무관심하게 지나치느니 미워할 수 있는 누군가를 찾아내 인연이라고 부르는 편을 택하겠다. 인생에서 만남만큼 위험한 사고가 또 있을까 싶다. 아무리 조심하더라도 내습할 때는 반드시 일방적으로 습격해온다. 사람의 힘으로 피하기 어렵다는 점에서 만남은 가장 큰 재앙인지도 모르겠다는 생각을 해보았다. 그 만남의 끝에 나를 향한 증오가 숨어있을지도 모른다는 가정은 그래서 더욱 참기 힘들다.

세상의 근원과 배후가 궁금하다면 지금의 내 모습을 딛고 올라서야 한다. 조금 더 높이, 그보다 더 높이, 그대가 별들 위에 서게 될 때까지!

-'짜라투스트라는 이렇게 말했다'

　　많은 사람들이 쾌락을 추구하며 살아간다. 명품으로 불리는 옷과 신발과 가방과 자동차를 탐욕하고, 부자동네로 불리는 곳에서 살고 싶다고 소망한다. 그들에겐 명품과 수입자동차와 고가의 아파트가 인생의 목적이며 태어난 이유다. 그래서 끊임없는 소비가 반복된다. 계절이 바뀔 때마다, 유행이 바뀔 때마다 집값이 오르내릴 때마다 또 다른 꿈을 찾아 배회한다. 이것은 가축의 사육과 비슷하다. 돼지가 하루 종일 먹을 생각만 하고, 개가 하루 종일 주인 손길에 놀아날 생각만 하고, 수탉이 하루 종일 암탉 꽁무니만 쫓아다니는 것과 다를 바 없다.

행복으로 몸이 무거워져서는 안 된다. 인간은 원래 발이 느리다. 사람들은 물구나무를 서고 싶어 하는 코끼리를 닮았다. 불행 때문에 바보가 된다. 행복해서 바보가 되는 사람은 보지 못했다. 절룩거리며 앞으로 나아가느니, 제자리에서 어설프게라도 춤을 추는 자가 되겠다.

－'짜라투스트라는 이렇게 말했다'

인생에서 역경을 극복하고, 성공을 향한 계단을 하나씩 밟아가고, 그때마다 새로운 소망들을 만들어가고, 다시 그 소망들이 이루어지는 것을 지켜보는 기쁨은 이루 말할 수가 없다. 위대한 노력가들도 우리처럼 지쳤다. 우리처럼 쓰러질 때가 있었다. 처음에는 희망이 그들을 부축해주었고, 다음으로는 인내가 뒤에서 그들을 밀어주었다. 역경을 정복하는 것은 인간에게만 허락된 최고의 행복이다. 신이 인간을 창조했지만 인간에겐 신이 만든 절망을 정복하는 힘이 있다고 나는 믿는다.

껍질을 벗고 새로워져야 한다. 새로운 시간을 개척해야 한다. 과거는 더 이상 필요하지 않은 기억일 뿐이다. 스스로를 비판하고, 타인의 비판에 귀 기울이는 것은 껍질을 벗고 새롭게 태어남과 동일하다. 새로운 나로 거듭해서 반복되는 것은 인생의 즐거움이다.

−'즐거운 학문'

탈무드에 이런 구절이 나온다.

'인생이란 무엇인가? 창조적인 자기표현이다. 그렇다면 행복이란 무엇인가? 그 표현이 내 마음에 들었을 때다. 눈으로 본 것은 절반만 믿어라. 남에게 들은 것도 절반만 기억하라. 나머지 절반은 그대의 판단으로 채워라.'

인생을 완성하는 두 가지 방법이 있다. 첫째는 무조건 믿어버리는 것. 둘째는 무조건 의심하는 것. 양쪽 모두 고민하는 수고를 덜어준다. 나를 믿고 세상을 의심했을 때 걷고 있는 이 길이 온전해지는 것이다.

나는 그다지 대단할 게 없는 인간이라고 비하해서는 안 된다. 부정적인 생각은 행동과 사고를 옭아맨다. 자기 자신을 존경하는 데서 출발하라. 아직 아무것도 아닌 자신을, 아무것도 이루지 못한 자신을 인간으로서 존중하는 것이다.

−'권력에의 의지'

우리는 지극히 평범한 사람들이다. 우리가 할 수 있는 일은 다만 행동하는 것뿐이다. 현재의 내 모습에 망설이고, 의심하고, 실망하기에는 시간이 부족하다. 일상에서 끊임없이 되뇌는 '조금만 더 있다가'라는 시간은 영원히 도착하지 않는다. 인간은 행동하면서 배움에 도달한다. 부딪혀봐야 내게 무엇이 부족했는지를 알게 되는 법이다. 눈으로 너무 많은 것을 판단하려는 생각을 버려야 한다. 귀로 모든 것을 들을 수 있다는 생각도 버려야 한다. 생각만으로 인생이 결정되는 건 아니다. 눈과 귀와 머리로 알고 있는 내가 나의 전부는 아니다.

Part 2

그대는 그대를 위해 마련된 위대한 길을 걷는다. 지난날 그대를 붙들었던 가장 큰 모험은 이제 그대의 마지막 피난처가 되었다. 그대의 등 뒤에 길은 없다. 이제 선택할 수 있는 답안지는 오직 앞으로 걷는 것뿐이다. 이 길은 그대를 제외하곤 누구도 걸어가지 못한다. 그대의 발걸음이 그대가 걸어온 자취를 지우고 있기 때문이다. 그대가 처음 길을 떠났던 곳엔 '불가능'이라는 표지판만이 걸려있다.

-'짜라투스트라는 이렇게 말했다'

사람들은 저마다 추구하는 인생의 결실을 향해 달려나간다. 완성된 제품으로 진열대에 올라 선택받기를 꿈꾸며 살아간다. 하지만 삶의 진정한 가치는 완성에 있지 않고, 결실에 있지도 않다. 목표로 삼은 곳에 도착하기도 전에 또 다른 목표가 세워지고, 조금씩 나의 자리가 옮겨지고 있음을 알면서도 욕심의 끈은 내려놓지 못한다. 비워지는 것은 패배이며, 포장되지 못하는 것은 실패라고 배웠기 때문이다. 이 길에서 믿을 수 있는 존재는 자기 자신뿐이다. 그래서 평생 동안 사귀어도 질리지 않는 나를 만드는 것은 최고의 도전이다.

비극은 근원적으로 합창이다.

혼자 부르는 노래는 슬프지 않다.

-'비극의 탄생'

사람을 평가할 때 역사는 언제나 보이는 것만을 중시해왔다. 이해한다는 말이 성립되기 위해서는 내가 먼저 나를 드러내야 하는 조건이 필수적이다. 한 인간의 위대함은 정신이 아닌 그가 드러낸 행위에 의해 선언되곤 했다. 행위를 결정짓는 주체가 그의 본성과 생각이었음에도 역사는 언제나 눈에 보이는 표상만을 추구해왔다. 빛나는 인격은 외부에서 확인되는 나의 모습, 다시 말해 내가 갖춘 조건에 따라 결정되는 것은 아니다. 그 자체로 발광(發光)이 불가능하다면 그 인생은 어느 한 순간도 진실하게 빛났던 적이 없다는 말이 된다.

나에게 독서란 잠시 숨을 고르는 행위에 불과하다. 나를 내 안에서 해방시키는 것, 또는 타인의 학문이나 영혼 속에서 잠시 산책을 즐기는 것에 비유할 수 있다. 나는 이미 오래 전부터 독서를 진지하게 여기지 않고 있다. 오히려 독서를 나의 진지함 속에서 길들이고 있다. 일에 몰두하고 있을 때 내 곁에는 단 한 권의 책도 찾아볼 수 없다. 누군가 나의 곁에서 쓸데없이 나불거리거나, 혹은 생각하지 못하게끔 미리 차단해야 할 필요성이 있기 때문이다. 나 자신을 빨아들이는 행위야말로 진정한 독서라고 생각한다.

-'이 사람을 보라'

냄비로 죽을 끓여먹는다고 해서 약해진 위장이 호전될 리없다. 오히려 입안에 음식물을 넣고 죽을 끓이듯 천천히 씹어 먹는 편이 훨씬 효과적이다. 약국에서 소화제를 구하는 것은 임시방편일 뿐, 언제까지나 그 효과를 기대할 수는 없다. 근본적으로는 나의 체내에서 소화효소가 만들어져야 한다. 독서도 마찬가지다. 타인의 생각과 신념과 지식을 머릿속에 가

뒤두는 것은 누구든지 할 수 있는 일이다. 그것을 가슴 속에서 나만의 생각, 신념, 지식으로 새롭게 생산해낼 수 있느냐가 독서의 성패를 결정짓는다.

나는 오직 피로 쓴 것만을 사랑한다. 낡아빠진 잉크 대신 펜 끝에 그대의 피를 적셔라. 그래야만 사람들은 이 피가 그대의 정신임을 알게 되리라.

-'짜라투스트라는 이렇게 말했다'

경쟁은 차별이라는 토대 위에서 이룩된다. 평등한 경쟁은 허울 좋은 눈가림일 뿐, 경쟁에 참여하기 위해서는 수많은 조건들을 만족시켜야 되는 어려움이 뒤따른다. 역사를 돌이켜보면 차별에 시달리던 환경을 딛고 자신의 꿈을 도모한 이들이 많다. 그들은 비록 불리한 환경을 타고났으나 이를 극복하고, 또한 그 고통을 망각하기 위해 정신의 길에 들어섰고, 그 결과 남들이 우러러보는 위대한 업적을 이룩하는 데 성공했다. 경쟁에 뒤처졌다고 생각된다면 당장의 처지를 비관할 게 아니라 승리를 눈앞에 둔 자들이 미처 바라보지 못하는 삶의 궁극적인 이치를 밝히는 데 자신의 인생을 걸어야 될 것이다.

재능 없이 미친 자들이 있다.

그들이 가장 위험하다.

-'반시대적 고찰'

    습관이 재능으로 착각될 때가 있다. 익숙함을 능력으로 과대평가하는 것이다. 어린 시절과 청소년기가 그토록 길게 느껴졌던 이유는 항상 새로운 현실과 대면하고 지속적으로 정신에 자극이 가해졌기 때문이다. 그 시절에는 모든 것을 의심한다. 때로는 자기 존재마저도 의심한다. 그러나 중년이 되고 나이가 한 살 더 늘어날 때마다 세월이 너무 빠르다며 불평한다. 그 이유는 타성처럼 쌓인 습관들, 익숙해진 노련함이 머리에 가득 채워졌기 때문이다. 그리고 보지 못한 일, 할 수 없는 일에 대해서도 장담하게 되는 것이다.

자아와 자신의 직업을 한순간에 버릴 수 있는 용기를 갖추지 못한 자는 예술적으로도, 또 과학적으로도 일류에 이르지 못한다.

-'인간적인, 너무나 인간적인'

새로운 도전을 가능하게 만드는 힘은 용기다. 여전히 좌절과 낙심에 머무는 사람들이 많다. 새로운 삶과 도전을 원하지만 그동안 실패를 거듭해왔다는 데서 주저하고 두려워한다. 하지만 실패 덕분에 우리는 결심이나 노력만으로 성공에 도달할 수는 없다는 것을 깨닫게 되었다. 용기 없이는 본성이 변하지 않고, 본성이 변하지 않고서는 결코 새로운 삶을 개척해나가지 못한다. 그러므로 진정 새 삶을 살아가기 원한다면 먼저 용기를 갖춰야 하는 것이다.

나의 친구여, 그대들에게 충고하노니 타인을 심판하려는 자를 믿지 말라! 그들은 우리와 다른 혈통이며, 전혀 다른 종족이다. 그들의 얼굴은 사형집행인의 미소이며, 굶주린 사냥개다. 자신이 정의롭다고 떠들어대는 자들을 믿지 말라! 그들은 바리새인이 되기 위해 언젠가 우리에게 권력을 요구하게 될 것이다. 그들이 자신을 '선량하고 정의롭다'고 주장할 때 우리는 두려움을 느껴야 한다.

-'짜라투스트라는 이렇게 말했다'

인간의 개성은 복잡하고 섬세한 구조로 형성되어있다. 그래서 어느 누구와도 쉽게 동화되지 않는다. 그로 인해 갈등이 빚어지고, 계급이 발생하며, 개인은 집단보다 우위에 설 수 없다는 논리가 정당성을 얻는다. 집단의 편의라는 작은 먼지 때문에 정교한 기계가 멈춰버리는 것이다. 일상을 지배하는 집단의 권위가 개성적인 지성의 분출을 완전히 가로막고 있다. 이런 상황에서 벗어나고 싶다면 먼저 익숙함에서 벗어나야 한다. 그렇지 않고서는 나의 요구에 반대되는 고통스런 현실에 억눌릴 수밖에 없다.

공포를 통해 우리는 가축이 되었고, 군중이 되었고, 인간이
되었고, 병든 짐승이 되었으며, 신의 노예가 되었다.

-'안티 크리스트'

인간은 어떤 상황에도 순응하는 능력을 타고났다. 환경이
바뀌거나 처음 겪는 사건들 틈에 홀로 놓이더라도 그럭저럭
참아낼 수가 있다. 여러 가지 불편함이 있고, 낯선 이들과의
마찰을 감당해야 하는 어려움도 애써 무시할 수가 있다. 인간
은 주어진 환경에 어떻게든 순종하며 살아가고 있다. 그리고
서서히 내면에서 불만과 욕구가 쌓이기 시작한다. 동시에 이
를 억눌러야 한다는 초조함으로 인내와 공포를 분별하지 못
하게 된다. 고통에 익숙해질수록 고통은 단지 여건에 불과하
다는 거짓말로 자신의 비겁함을 속이는 것이다.

항의라든가, 의구심, 조롱을 습관처럼 반복하는 것은 건강하다는 증거다. 모든 것을 무조건적으로 받아들이는 습관이야말로 가장 치명적인 병이다.

-'선악을 넘어서'

현대인이 사회의 흐름을 좇아가는 유일한 통로는 미디어다. 미디어가 제공하는 기사, 주장, 여론에 나의 생각과 의견을 맡겨버리는 데 익숙해졌다. 인터넷이 발달할수록 미디어의 영향력과 크기는 점점 더 거대해진다. 그 앞에서 나의 의견은 협소하고 부정확해 보인다. 그래서 나보다 더 큰 목소리에 귀를 기울이며 나의 생각과 감정을 감추는 데 급급하다. 내 안에 타인의 음성이 들어있다면 그 목소리는 내 것이 아니다. 빼앗긴 목소리는 두 번 다시 회복되지 않는다.

국가는 우리의 요구를 들어주는 대신 우리에게 생산을 요구한다. 우리가 감당할 수 없을 정도로 많은 생산을 요구한다. 자신의 지위를 유지하려고 우리를 물어뜯고, 씹고, 삼키고, 다시 물어뜯는 것이다. 민중이 자기 자신을 상실하는 곳, 민중이 스스로 목숨을 끊는 곳, 민중이 삶이라고 착각하는 그곳을, 나는 국가라고 부른다.

—'짜라투스트라는 이렇게 말했다'

　개인의 삶은 집단을 이겨내지 못한다. 그런 의미에서 역사는 패배자의 기록인지도 모른다. 육체가 죽어 땅에 묻힌 모든 인간은 집단이 선사하는 재앙과 실패를 맛봤으며, 후세에까지 이름을 떨친 위인과 영웅은 자신의 상처를 집단에 제공하는 조건으로 살아남은 비겁한 자들일 수도 있다. 개인이 집단의 강요에 시달리는 이유는 그들의 욕망 때문이다. 나의 욕망이 아닌 다수의 욕망이 개인의 삶을 지배한다. 그것이 이 세계와 성공한 사람들의 진실이다. 집단은 개인을 위협하는 재앙이기 때문이다.

인간은 계급에 따라 할당된 이 부조리한 인간성을 극복해야 된다는 필요성을 절감했다. 만약 인간이 계급으로 차별받지 않았더라면 역사는 무의미해졌을 것이다. 평등은 인간을 나태하게 만들기 때문이다. 계급이라는 사회적 신분이 인간을 억압할수록 그들은 계급이 귀속할 수 없는 초월적인 의미들을 만들어내려고 노력했다. 그 결과 인간은 오늘날과 같이 향상된 존재가 될 수 있었다.

－'선악을 넘어서'

사람들에게 온정을 기대해서는 안 된다. 인간은 인간을 지배하고 싶어 하는 본성이 있기 때문이다. 세상에 이처럼 문명이 전파되고 있으나 여전히 곳곳에 무지와 죄악으로 인한 갈등과 차별이 흔하게 발견되는 이유는 인간의 악한 본성이 우리의 등 뒤에서 채찍을 날리고 있기 때문이다. 각자의 재능을 뿌려보기도 전에 기회를 압수당하고, 저주받은 짐승을 쳐다보듯 온갖 패역한 욕설과 비난이 식물에 수분을 공급하듯 머리 위로 쏟아진다. 이런 난관을 만날 때마다 자기 안에 응축

된 선함을 발견하는 것이 중요하다. 나에게 행해지는 불합리한 지적과 비굴한 야망, 저속한 질투를 용감하게 지적할 줄 알아야 되는 것이다.

무능한 자들은 제일 먼저 재물에 열광한다. 하지만 재물을 얻음으로써 그들은 오히려 가난해진다. 그래서 이번에는 권력을 탐낸다. 특히 권력의 쇠망치를 탐내게 된다.

-'짜라투스트라는 이렇게 말했다'

권력으로부터 동정을 구하고, 정치나 사회체계 같은 시스템에게서 위안을 구한다면 그때 바로 재앙의 시작이 된다는 것을 한시도 잊어서는 안 된다. 우리가 굴복하는 날, 권력집단은 악마처럼 미소 지으며 우리의 등에 얹어진 작은 절망의 봇짐을 끌어내리고, 대신 절망과 마음의 질병과 추악한 탐욕과 야만스런 목소리와 뻔뻔한 얼굴을 선물하게 될 것이다. 그 선물을 받아들임으로써 권력의 노예가 된다. 경쟁에서 승리해 더 많은 권한을 움켜쥘수록 생존이 고통스러워지는 까닭은 권력의 본성은 가학에 있기 때문이다.

현대인은 세 가지 M에 시달리는 노예다. Moment(순간), Meinungen(여론), Mode(유행)이 바로 그 주인공들이다.

-'반시대적 고찰'

　　과거의 노예제는 무기와 권력에 정복당한 결과였다. 어쩔 수 없이 노예가 되어버린 것이다. 그들은 비록 노예가 되었지만 정신의 자유까지 굴복 당하지는 않았다. 그러나 현대판 노예제는 스스로 노예의 옷을 입고 목에 굴욕의 끈을 휘감은 결과다. 무엇보다 놀라운 것은 현대판 노예제에서 인간은 노예라는 자각이 없다. 오히려 한 발 더 나아가 노예가 된 것을 자랑스럽게 여긴다. 이것은 당연한 일이다. 노예로서의 삶에 익숙해지면 인간은 자신의 두 다리를 묶고 있는 사슬들을 자랑스러워하는 것이 본성이기 때문이다.

기계는 인간의 사고력이 만들어낸 최고의 부산물임에도 그
것을 조작하는 인간은 바보로 만든다.

—'인간적인, 너무나 인간적인'

기계문명을 살아가는 것은 극도의 긴장감이다. 삶을 짓누
르는 수많은 기술과 지식의 끝에는 인생의 불안이 가득하다.
진보의 목적은 공공의 복리가 아닌 개인의 이익을 달성하는
데 있다. 이 사회가 진보를 이야기하고 있음에도 지금 이 순
간 공공의 복리라는 허울 좋은 간판 아래 하루에도 수만 명이
착취당하고, 희생당하고, 세계 밖으로 쫓겨나고 있다. 공동의
목표로 제시된 발전이 언젠가는 이 고단한 삶으로부터 회복
시켜주리라는 망상을 가슴에 품고 무고한 목숨들이 싸움터로
달려나가고 있다.

동물에 대한 우리의 태도를 통해 가치관의 성립과정을 깨닫는다. 그 동물이 유용하다든지, 혹은 유해하다는 결론이 내려지기 전까지는 완벽한 무관심이다. 이를테면 기분에 따라 죽일 때도 있고, 살려둘 때도 있고, 다리만 잘라내 풀밭에 다시 내려놓는 관용을 베풀 때도 있다. 만에 하나 그 동물이 우리에게 대항해온다면 멸종시키기 위한 연구를 시작한다. 반대로 그 동물이 우리에게 필요한 무언가를 제공한다면 착취하기 위한 연구를 시작한다.

-'인간적인, 너무나 인간적인'

　　다수의 배를 채우기 위해 조작된 상상을 희망이라 부르고, 착취된 지성을 교육이라 부르며 피상적 현상을 인생의 진리로 착각한 채 하루를 허비한다. 착취를 은폐하고 창고를 가득 채우기 위해 선한 길에서 이탈하여 범죄의 흥분에 몸을 맡긴다. 더 많이 착취당하기 위해 최고 난이도의 고등교육기관을 졸업하고, 팔다리가 부러질 때까지 노동에 시달린다. 대체 인간은 왜 다수를 위해 개인으로서의 가치를 희생당해야 하는가. 왜 청춘은 모두를 위한 꿈을 강요당해야 하는가.

가축에 대한 책임감은 생명에 대한 책임감이 아니라 재산에 대한 책임감이다. 동물이 학살을 피해 가축이 되는 원리는 인간이 사회에 규칙을 들여온 과정과 완벽하게 일치한다.

-'인간적인, 너무나 인간적인'

    오늘날과 같은 사회 시스템에서는 하루살이 같은 목숨을 연명하기 위해 누군가를 하루살이로 전락시키는 전술이 요구된다. 나의 생명을 유지하기 위해서는 나를 대신해 누군가의 생명을 제물로 바쳐야 되는 것이다. 인간의 삶은 견뎌낼 수 있을 정도의 고통이 고작임에도 언젠가는 이 아픔이 내 안에서 영원히 사라지는 시대를 갈망한다. 그 욕망은 책임감에서 비롯된 것이 아니다. 나를 나답게 지켜내기 위한 인고는 오간데 없이 변절한 권태가 나와 같은 고통으로 몸부림치는 이웃의 절망에 안도하는 비참한 현실이 남아있을 뿐이다.

여론을 따르는 것은 인간이 스스로 자신의 눈과 귀를 가리는 행위에 다름없다.

–'반시대적 고찰'

　　여론은 스스로를 자유로운 정신의 소유자라고 말하는데 이는 거짓말이다. 여론이 하는 말을 믿어서는 안 된다. 여론은 항상 처음에는 찬사를 보낸다. 다음으로 무참히 헐뜯는다. 여론은 아무것도 생산해내지 못한다. 그럼에도 우리 머리 위에 군림하는 존재처럼 내려다보곤 한다. 여론의 가장 큰 문제점은 편파적이기는커녕 악의적이라는 데 있다. 진실은 개인의 기호에 달려있다. 내가 읽고 싶은 책을 읽고, 내가 하고 싶은 말을 하는 것은 누구도 방해하고 참견할 수 없는 천부권이나 다름없다.

향상을 꿈꾼다면 가장 위험한 환경에 스스로를 방목시키면 된다. 인류는 인간성에 대한 잔인한 압제 속에서 진화를 거듭해왔다. 사람들은 아마도 모를 것이다. 냉혹과 폭력, 노예화, 노상에서의 강탈, 은둔, 온갖 유혹과 이단, 가공할 압제와 살인, 방화, 맹수와 뱀의 위협을 통해 자기 자신이 얼마나 발전해왔는지를 말이다.

-'선악을 넘어서'

그 옛날 시인들과 순교자들이 견디기 어려운 난관과 능욕과 비애를 극복하고, 자기 안의 의지를 사람들이 믿고 따르는 신앙의 절정으로 인도하고, 예술을 영혼의 영역으로 확장시킬 수 있었던 근본적인 원인은 자기 자신에 대한 믿음이었다. 이 순간 나를 무너뜨리려는 고통과 역경에 무릎 꿇고 내일의 시간을 구걸하지만 않는다면 먼 훗날, 혹은 죽음에 침잠당한 이후에도 나의 의지와 기대와 노력이 드러나고 인정받게 되리라는 불멸의 신뢰가 있었기에 가능한 일이었다.

어느 시대나 그렇듯이 오늘날에도 인간은 노예와 자유인으로 분리된다. 만약 하루의 삼분의 이에 해당하는 시간을 스스로에게 허락하지 못하는 인간이라면 그가 정치가이든, 상인이든, 혹은 관리나 학자이든 그저 노예일 뿐이다.

−'인간적인, 너무나 인간적인'

인생의 궁극적인 목표는 평범한 생활의 일상들 속에서 나의 가치관과 믿음이 확고하게 부합되는 일치를 경험하는 것이다. 이 경험은 곧 생명에 대한 자각이다. 타인의 개입, 또는 강요되는 의무에 잠식되기를 거부하고, 각자의 생명이 약동하는 순간들에 반응하는 기쁨을 알게 되었을 때 비로소 인간은 자신의 생을 주관하는 독립적인 인격체로 거듭나게 된다. 한 번뿐인 인생에서 절대다수의 시간을 자기 자신에게 소비하지 못한다는 것은 크나큰 슬픔이 아닐 수 없다.

부모는 자기도 모르는 사이에 자녀를 자신과 똑같은 인생으로 만들어버린다. 이를 가리켜 그들은 교육이라고 부른다. 어머니는 갓 태어난 아기를 독립된 인생으로 인정하지 않는다. 그녀는 이 갓난아기를 귀중한 보석처럼 여긴다. 마찬가지로 자신에게 아들을 가르칠 권리가 있는지, 이 어린 생명을 자신이 원하는 미래에 복종시킬 권리가 있는지 스스로 물어보는 아버지는 없다.

-'선악을 넘어서'

　나의 작은 가슴 속에서 무엇이 자라나려 하는지 귀를 기울여야 한다. 눈을 감고 나 이외의 사람들이 두근거리는 심장소리를 들어봐야 한다. 한밤중에 내리는 눈발에도 음성이 있다. 듣기를 원한다면 보이지 않아도 들린다. 듣지 않는 자는 말하지 못하고, 말하지 않으려는 자는 듣지 못한다. 내 안에 귀를 기울이는 것과 동시에 나 자신에게 말해줘야 한다. 내가 누구인지, 무엇을 하고 싶어하는지…. 배움이란 그 물음에 대한 답을 스스로 찾아내는 것이며, 가르침이란 그렇게 찾아낸 배움의 행복을 사랑하는 이에게 보여주는 것이다.

어떤 이는 자신의 위대함을 과시하고 싶은 욕심에 친구를 학대한다. 또 어떤 이는 자신의 가치를 높이기 위해 적의 가치를 과장한다.

-'인간적인, 너무나 인간적인'

우리는 스스로를 속여 가며 열정 대신 수익률을 계산하고, 그러다 보니 원칙을 무시하게 되고, 나와 다름에 반대하게 되고, 손해를 이유로 증오를 생산하기에 이르렀다. 무가치한 날들이 차곡차곡 쌓여 무가치한 나를 만들어낸다. 두 번은 되풀이되지 않는 귀중한 날들이 사라지는 것이다. 희망은 어디에나 있지만 보려 하지 않는 자들에겐 절대로 보이지 않는 것이 희망이기도 하다. 미움을 키워나갈수록 감정은 메마르고, 살아있는 이웃이 아닌 물질과 명예에 사랑과 헌신을 나눠줌으로써 채워지지 않는 갈망이 마비되어버린다.

내게는 고독이 필요하다.

회복과 나 자신으로의 복귀와 자유를 위한 산소가 필요하다.

-'이 사람을 보라'

고독은 모순이다. 그래서 고독을 정신병으로 몰아가려는 주장도 있는데, 어떤 의미에서는 고독만큼 궁극의 의지도 없다. 고독은 자기만의 확고한 의지가 완성된 사람에겐 별다른 영향을 미치지 못한다. 그러나 불신과 불안을 향한 두려움, 즉 다수의 평범한 사람들이 고독에 감염될 경우 고독이 지닌 모순에 의해 극단의 붕괴를 겪게 될지도 모른다. 세상에는 객관적이고 독립된 의지를 온전히 보존하고 있는 사람보다 그렇지 못한 사람들이 다수를 차지함으로써 고독은 치유해야될 병이 되고 말았다.

위태로운 곳은 산봉우리가 아니라 비탈이다. 우리는 비탈에서 시선은 아래쪽으로 두고, 손은 위를 붙든다. 이 두 가지 상반되는 의지 때문에 우리의 심장은 현기증을 일으킨다.

-'짜라투스트라는 이렇게 말했다'

지겹도록 반복되는 똑같은 날들, 그런 현실에 괴어 있던 내 안에서 어느 순간 엄청난 힘이 솟아올라 인생을 바꿔버린다. 전염병처럼 나의 일상, 나의 관계, 나의 미래를 바꿔버리는 것이다. 그 솟구침은 놀라운 폭발력으로 고착된 환경을 바꾸고 멈춰버린 꿈에 시동을 거는 동력으로 작용한다. 마음 밑바닥에 가득 찬 것들, 권태와 낙담, 실망에 자극 받아 폭발해버리고 싶은 거대한 자학이야말로 인간이 소유한 가장 큰 힘이다. 자만하지 않고 오직 더 높은 곳을 바라보며 손이 닿는 한, 팔을 뻗고 싶은 기분은 현기증을 닮았는지도 모른다.

너는 지금 앞으로 나아가고 있다. 그리고 아주 높이 올라왔다. 이에 대한 몇 가지 확실한 증거도 있다. 주위가 전보다 넓어졌고 전망도 훨씬 좋아졌다. 바람이 조금 차가워졌지만, 너의 가슴은 따뜻해졌다. 이제 너는 구걸과 쟁취를 혼동하는 어리석음에서 벗어났다. 너의 발걸음은 단단해졌고 분명해졌다. 용기가 너를 성장시켰다. 그리하여 앞으로 너는 더욱 고독해질 것이며, 이전보다 험난해진 길을 걷게 될 것이다.

–'인간적인, 너무나 인간적인'

경제는 언제나 위기였다. 소시민은 언제나 사회적 약자였다. 밝은 미래를 기대하는 것은 자유겠지만 자유를 꿈꾼 대가가 참혹할 수도 있음을 명심해야 한다. 인생의 자유는 '더불어' 가져서는 안 되는 '나만의' 것이 되어버렸다. 인생이 자유로워질수록 그곳에는 반목과 투쟁과 미움과 상처가 가득하다. 우리는 그런 곳에서 살아가고 있다. 하지만 이 고단한 길의 끝에는 분명 축복이 기다리고 있을 것이다. 오늘의 외로움은 내일의 환희로 바뀌게 될 것이다. 왜냐하면 잔혹한 세계는 우리에게 무엇과도 바꿀 수 없는 용기를 선물했기 때문이다.

어떤 인간은 산의 정상에 도착해서 산 아래만 쳐다본다.

-'선악을 넘어서'

　때로는 내가 산이 되어 나를 막곤 한다. 때로는 내가 강이 되어 나의 걸음을 멈추게 한다. 눈앞의 산이, 다리가 놓이지 않은 강물이 나였다는 것을 알게 되었다면 더 이상 두려울 것이 없다. 마주한 산과 강물을 평지로 만들어버리는 일만 남았기 때문이다. 그 누구도 아닌 나 자신을 위해 나라는 산을 깎고, 나라는 강물을 거둬들여야 한다는 진실과 마주했기 때문이다. 정상에 오르려는 이유를 망각해서는 안 된다. 정상에 오르려는 이유는 그 너머에 도사리고 있는 하늘과 맞닿기 위해서였다.

우연을 믿는 승리자는 없다.

우연이라고 변명하지 않는 패자도 없다.

-'즐거운 지식'

    나를 위해 준비된 길은 우연히 만들어지지 않는다. 오직 나만이 나를 위한 길이 될 수 있음을 잘 알고 있다. 그래서 아직도 행운에 대한 기대를 버리지 못한다. 나이가 들었다고, 잃어버린 길을 찾기에는 너무 늦었다고 포기해서는 안 된다. 나를 위한 행운 같은 건 처음부터 준비되어 있지 않았다. 그것만이 진실이다. 평지가 되어도 부끄러울 게 없다. 평지를 걷는 데 날개 따위는 필요하지 않으니 오히려 잘 되었다. 이 길에서 믿을 수 있는 존재가 유일하게 나라는 것은 영원히 번복되지 않을 진실이므로 감사하다.

수면에 대해 좀 더 경건해질 필요가 있다. 수면 앞에서 겸손해져야 하는 것이다. 잠든다는 것은 말처럼 쉬운 일이 아니다. 잠들기 위해서는 하루 종일 눈을 뜨고 있어야 된다는 사실을 잊어서는 안 된다.

-'짜라투스트라는 이렇게 말했다'

　근면은 성공의 뒷면이다. 열심히 일하는 사람은 성공할 수 있어도 나태한 자는 아무리 운이 좋아도 성공하지 못한다. 부지런하다고 모두 성공하는 것은 아니지만 근면이 성공의 기본조건임은 부정할 수 없다. 성공은 결국 사람에게 달려있다. 노력한 날이 많을수록 성공과의 거리가 가까워지고, 대책 없이 마음 가는 대로 미루고 젖혀두면 성공과의 거리는 그만큼 멀어진다. 근면에는 두 종류가 있다. 누가 시켜서 억지로 보여주는 근면과 스스로 깨달아 마음을 다잡는 근면이다. 전자는 시간이 지날수록 능률이 떨어진다. 후자는 시간이 지날수록 강해진다.

괴물과 싸우는 자는 자신이 그 괴물이 되지 않도록 조심해야 한다. 오랫동안 심연을 들여다보고 있으면 그 심연 또한 너를 들여다보게 된다.

-'선악을 넘어서'

인간의 본성은 파괴와 변화를 통해 자신과 세계를 분리시키려고 한다. 이 세계에서 보편적이고 형이상학적인 해답이 찾고 싶을 때는 눈앞에 벌어진 사태에 이름을 붙이려고 시도하기보다는 그 사태가 나에게 어떤 의미인가, 자문해보는 것이 올바른 방법이다. 나를 둘러싼 괴물의 이름에 얽매일 게 아니라 이 괴물을 직접적으로 체험한 후에 어떤 생각이 떠올랐는지를 고백해보는 편이 더 정확하다. 그러나 우리 안의 무언가는 이 같은 대처에 반항한다. 왜냐하면 우리의 인식은 기존의 이름들에 완전히 익숙해졌기 때문이다.

철학이란 제 발로 얼음구덩이와 높은 산을 찾아 헤매는 것을 말한다. 생존에 포함된 모든 의문을 탐구하는 것, 도덕이라는 이름으로 감춰진 생의 모든 영역을 살펴보는 것이 철학이다. 그렇다면 내가 철학을 통해 깨달은 진실은 무엇이었는가? 오류는 맹목이 아닌 비겁이며, 이상은 동경의 대상이 아닌 도전의 대상이었다는 점. 허락되지 않은 것들을 갈망하고자 하는 욕망이 나의 철학이다. 허락되지 않은 것들은 예외 없이 진리였기 때문이다.

–'이 사람을 보라'

이상이란 현실과 반대되는 개념이다. 현실이라는 개념을 설명하기 위해 인간은 이상이라는 단어를 만들어냈다. 그래서 인간은 현실과 이상의 실체에 접근하기보다는 현실과 이상이라는 단어의 함축적 의미에 집착한다. 이상이라는 단어에 이상의 모든 의미가 담겨져 있지 않다는 것을 알고 있기 때문이다. 현실이라는 단어로 현재의 나를 있는 그대로 설명할 수 없는 것과 마찬가지다. 그러므로 보편적으로 적용할 수 있는 가능성을 찾아내야 한다. 특정한 설명이 아닌 실체를 갖춘 증명이 필요하다. 이상에 대해 이야기할 것이 아니라 '내가 원하는 그것을 어디에서 구할 수 있는가'라고 질문해야 한다.

너는 지금 자유로운가? 내가 듣고 싶은 대답은 그대를 지배하는 생각의 정체이지 멍에를 풀고 도망치는 그대의 뒷모습이 아니다. '무엇인가로부터 자유롭다'는 말은 듣고 싶지 않다. 그대의 눈동자가 내게 들려줘야 할 대답이 '무엇을 위한 자유인가'였음을 기억해내야만 한다.

-'짜라투스트라는 이렇게 말했다'

자유는 진실이다. 있는 그대로 사물을 비추는 계몽이다. 저 햇살과도 같은 일관성이다. 음지와 양지는 태양의 자유와 상관없는 현상이다. 그저 모든 게 운명이다. 그 운명에 순응하는 것이 올바른 삶의 방식이다. 그런 의미에서 자유는 태양이라고 불릴 만하다. 그 열기를 사랑해야 한다. 어제보다 오늘이 더 자유로워지기를 소망해야 한다. 오늘보다 내일이 더 자유로워질 것이라고 믿어야 한다. 어제는 오늘을 만들어냈지만, 오늘로 인해 때론 내일이 비참해진다. 산다는 것은 부조리의 극치다. 그렇기 때문에 우리에겐 자유가 필요하다. 모든 부조리한 운명에게 도전하고 패배할 자유가 필요한 것이다.

어느 위대한 사상가가 인간을 경멸하고 있다면, 그는 분명 인간의 게으름을 경멸하는 것이리라.

–'반시대적 고찰'

곁눈질로 창 밖을 내다보고 있을 때면 앞에서 누군가에게 끌려가는 사람들의 고통이 나의 보금자리까지 침범하는 것 같은 공포에 시달린다. 그러나 자세히 살펴보면 그들은 끌려가고 있는 게 아니라 뒤에서 떠밀려가고 있음을 발견하게 된다. 인간은 이성이라는 지적활동을 생의 기반으로 삼고 있는 유일무이한 짐승이다. 우리들 스스로 그렇게 자랑하며 인간으로 태어났다는 사실을 다행스럽게 여기고 있다. 그럼에도 불구하고 삶은 나의 뜻과는 정반대로 끌려가기 일쑤다. 인간으로 태어났다는 사실에 게을렀기 때문이다.

시인을 포함한 예술가들은 자신의 체험을 부끄러워할 줄 모른다. 그 체험을 무기로 닥치는 대로 사람들의 동정과 환심을 착취할 생각에 미쳐있을 뿐이다.

-'선악을 넘어서'

확실히 이 사회를 이끄는 덕목으로 수탈이 보편화되고 있다. 너 나 할 것 없이 땀을 흘리지 않고 많은 것을 소유해야만 능력을 인정받는다고 생각한다. 그러나 실제로 땀 흘리지 않고 부를 축적하는 사람은 소수에 불과하다. 결과적으로 불로소득을 바라는 다수의 사람들이 그 같은 삶의 자세로 인해 손해를 보고 있다는 뜻이다. 그런데도 이런 잘못된 폐단을 하루라도 빨리 깨달아 인격적인 가치를 증명하는 것이 인생의 덕목이라고 생각하려는 사람은 극히 드물다. 인간은 일을 해야 한다. 자신에게 어울리는 노동에 뛰어들어야 한다.

천재가 어떤 인간인지 알려주겠다. 지나치게 높은 목표와 그에 도달하는 데 필요한 모든 수단을 탐내는 자. 그가 바로 우리가 알고 있는 천재의 진짜 모습이다.

-'인간적인 너무나 인간적인'

어떤 분야에 오랫동안 종사하여 소위 대가(大家)로 불리는 사람들의 첫인상은 엄숙하다. 평생 외길을 고집한 자존심, 지나온 삶에 대한 확신, 그 와중에 필연적으로 겪을 수밖에 없었던 고독이 한데 얽혀 범인(凡人)들이 함부로 접근할 수 없는 엄숙한 의지를 내뿜는다. 이 엄숙함은 대가가 지닌 인상이며, 이런 느낌을 통해 그와 단 한마디도 나누지 않은 상태에서 그가 살아온 시간들을 대략적으로 유추해보는 것이 가능해진다. 그가 내뿜는 인상에서 그가 살아오며 지켜온 의지가 느껴지기 때문이다. 그 의지가 남과 다른 천재를 만들어낸다.

지성은 자신의 생명을 온전히 자각하고 있다. 그리고 고뇌를 통해 그 지혜를 더욱 풍요롭게 만들어낸다. 지성의 행복은 인내의 향수로 치장되고, 노력이라는 눈물로 정화되어 내일이라는 희생에 바쳐진다.

-'짜라투스트라는 이렇게 말했다'

내면에서, 혹은 정신적으로 영혼이라고 말해도 좋다, 어떤 욕구를 발견하게 된다. 살고자 하는 욕구다. 이 욕구가 외부, 또는 내부의 어떤 대상과 충돌하여 파열음을 발생시켰을 때 이것은 억압이다. 욕구를 억압하는 어떤 충돌이 발생했을 때 비로소 나의 진짜 모습이 내 앞에 나타낸다. 우리를 가로막는 어떤 존재, 우리를 억압하려는 어떤 상황, 현재 모습에서 일탈하고자 하는 욕망, 절대적인 사회구조에의 반항에서 '나'를 확인하게 된다는 뜻이다. 살아있음을 후회하게 만드는 그릇된 현실과 나를 고통스럽게 만드는 대상의 출현에서 우리가 '살고자 하는 나'를 확인하게 된다는 모순이다.

거친 노동을 사랑하고 보다 빠른 것, 새로운 것, 진귀한 것에 환호하는 그대들이여. 그대들은 너무나도 인내심이 부족하다. 그대들이 보여주는 근면은 도피에 불과하다. 자신의 처참한 주제를 망각하고 싶다는 거짓된 가면에 지나지 않는다.

-'짜라투스트라는 이렇게 말했다'

투쟁은 내면에서만 벌어지지 않는다. 외부적으로도 싸우고 있다. 어두컴컴한 곳에 숨어 미덕이라는 가면을 쓰고 있는 야심가들과 싸우고, 향락을 즐기는 것은 인색하지 않기 때문이라고 변명하는 젊은 친구들과 싸우고, 증오와 질투로 길 잃은 양들을 괴롭히는 이유가 진리를 사랑하기 때문이라고 말하는 거짓들과 싸운다. 권위는 야심이 아니라 뭔가를 생산하고 싶은 충동이라고 둘러대는 나의 정체성과도 싸워야 한다. 한편으론 지금 이 순간에도 온전히 자신을 향해 나아가고 있다는 나의 방만한 자기 확신과도 싸워야 한다.

집을 짓기 전에 계획해뒀어야 하는 것들을 반드시 집을 완성한 후에 깨닫게 된다.

-'선악을 넘어서'

　나의 바람대로 살아가기 위해서는 먼저 행동하고 나중에 생각하는 지혜가 필요하다. 지나친 준비와 망설임은 불충분한 준비와 성급함만큼이나 좋지 못한 결과를 초래한다. 모든 설정이 완벽하게 끝나야만 시도할 수 있다는 생각부터 바꿔야 한다. 오늘은 항상 어떤 일의 D-day여야 하는 것이다. 오늘 행동하지 않는다면 결국 아무것도 하지 않은 것이 된다. 지금 노력하지 않는다면 다음엔 아무 일도 벌어지지 않는다. 기회는 제 발로 찾아와서 우리에게 지름길을 알려주지 않는다. 문을 열고 밖으로 나가 움직이는 것 외에는 방법이 없다.

저 높은 곳을 향해 끊임없이 도전하는 것은 결코 헛된 욕심이 아니다. 비록 지금은 헛된 장난에 불과해보일지라도 조금씩 다가가고 있다는 건 틀림없는 사실이다. 오늘 그 정상은 아주 멀리 떨어져있었다. 하지만 내일 조금 더 다가갈 수 있도록 힘을 키웠다는 점에서 오늘은 위대한 도전이었다.

–'방랑자와 그의 그림자'

타협과 습관과 규칙에 익숙해진 현재의 모습에서 벗어나는 것이 중요하다. 그것이 우리에게 허락된 많은 날들을 헛되지 않게 지켜내는 최선의 방법이기 때문이다. 삶의 주도권을 빼앗겨서는 안 된다. 지금 서 있는 자리와 입장이 자신을 규정하도록 내버려둬서는 안 된다. 행동하는 평범한 사람은 행동하지 않는 뛰어난 사람보다 더 멀리 간다는 금언을 명심해야 한다. 아직도 망설이는 분들에게 들려주고 싶은 명언이 있다. '비관주의는 세상에서 가장 비싼 물건이다. 그래서 가난한 자에겐 쓸모가 없다.' 망설임은 가진 자들의 특권이다.

도시의 혼잡 속에서든, 외딴 시골의 적막 속에서든, 강인하면 서도 평온하게 머무를 수 있는 곳이 나의 집을 세워야 되는 터전이다. 그곳에서 나는 안심하고 지낼 수 있다.

—'아침놀'

　인생은 수학공식이 아니다. 인생은 시와 같은 예술의 한 갈래임에 틀림없다. 직관의 세계에서 누구도 흉내 못 낼 아름답고 독창적인 시 한 편이 탄생하듯 주관적인 파악으로부터 인생이 시작되는 법이다. 그렇지 못한 시간들은 나만의 삶이 되어주지 못한다. 죽음을 향해 끌려가는 도살장의 울부짖는 발걸음에 불과하다. 독창적이고 개인적인 인생은 자기만의 사상을 통해 실현된다. 그리고 사상이란 언제나 주관이라는 체계에서 태어난다. 예를 들자면 스스로 한 권의 위대한 철학책이 되어야 하는 것이다.

나는 더 기뻐할 것이다. 사소한 일에도 미친 듯이 기뻐할 것이다. 기쁨으로 날뛰며 뒹굴 때마다 나는 강해질 것이다. 내 몸은 더 강해질 것이다. 부끄러워하지 않을 것이다. 참지 않을 것이다. 마음껏 비웃어줄 테다. 그들이 나를 보며 따라 웃을 때까지 내 마음이 이끄는 대로 아이처럼 기뻐할 것이다.

−'짜라투스트라는 이렇게 말했다'

노동은 인간에게 땀방울을 요구한다. 땀방울은 한 인간이 자기 자신의 의미에 대해 눈을 뜨게 만든다. 이것이 제대로 대접받지 못한다면 그 사회는 이미 죽어버린 사회다. 인생에서 가장 애처로운 시간은 먼 훗날 관 속에 누울 날이 멀지 않았다는 것을 어렴풋이 깨닫게 되었을 때, 일생을 헛된 욕망을 쫓느라 세월을 탕진했다는 것을 새삼 느끼고는 한 번 더 시간이 주어지기를 가만히 소망해보는 때다. 한 번만 더 동일한 시간의 삶이 주어진다면 보다 가치 있게 보낼 수 있을 텐데, 하고 후회할 때다. 이것이 오늘날 현대인의 슬픈 운명이다.

직업을 하루아침에 포기할 수 있는 용기를 지니지 못한 자는 예술적으로도, 과학적으로도 일류가 되지 못한다. 철학자만이 예외인데, 그들은 세계와 역사에 대해 언제나 이렇게 말하고 있다. "신은 우리처럼 용기를 지니지 못했다. 그는 세상을 너무 쉽게 만들려 했고, 실제로 그렇게 만들어버렸다."

−'인간적인 너무나 인간적인'

세상에 나 혼자 남았다고 느껴질 때, 외로움으로 고통스러울 때 이 약을 먹는다. 의심으로 생각이 흔들리고, 확신이 불만으로 변질되고, 의욕이 먼지처럼 공허해질 때 이 약을 먹는다. 자신감이 먼 옛날의 추억처럼 아스러질 때, 원했던 꿈들이 모래처럼 손가락 사이로 빠져나갈 때, 눈물이 차갑게 느껴졌을 때 이 약을 먹는다. 갑작스런 주위 변화로 생활이 혼란스러워졌을 때, 무엇인가 빠뜨린 것처럼 괜히 불안해질 때, 한 발 늦었다고 생각될 때, 지식과 지혜가 분별되지 않을 때 이 약을 먹는다. 약의 이름은 '희망'이다.

정치를 하는 인간들은 공부하지 않는다. 돌아가는 상황을 지켜보다가 필요할 때 손을 들고 누군가를 편드는 게 고작이다. 반면에 정치가도 아니고 또 정치에 관심도 없었지만 정치를 통해 위대한 업적을 남긴 솔론은 아테네 시민들에게 이런 말을 남겼다. "나도 이젠 늙었소. 하지만 계속 배우고 있소."

—'인간적인 너무나 인간적인'

젊은 날의 희망도 산산이 깨어지고, 소년시절의 꿈도 여름날의 오후처럼 찌들어버렸다. 잎의 죽음을 재촉하는 바람이 나를 향해 불어오는 것을 느낀다. 그 바람이 어머니의 품처럼 따뜻하게 느껴질 때 나는 낙엽처럼 저물어갈 것이다. 하지만 그날이 오기 전까지 최선을 다하고 싶다. 낙엽처럼 힘없이 추락할 때 바람에게 말하고 싶다. 나는 최선을 다했다고, 그러니 후회하지 않는다고. 더 이상 그들을 미워하지 않는다고 말할 수 있게 되기를 바란다. 그리고 한 걸음이라도 더 앞으로 나아가려는 마음을 잃지 않기를 바란다.

성공한 사람의 불손은 성공하지 못한 자의 불손보다 불쾌하다. 성공이라는 결실 자체가 사람을 이미 불쾌하게 만들기 때문이다.

-'인간적인 너무나 인간적인'

단호한 부정보다 웃으며 긍정하는 것이 용기다. 힘을 소유한 사람보다 지혜를 사랑하는 사람이 더 강하다고 믿는다. 많은 것을 가진 사람으로 소개되기보다는 많은 것을 베푸는 사람으로 소개되기를 희망한다. 눈으로 직접 목격한 사실보다 마음으로 경험한 진실이 더 정확하다고 말하는 사람이 되고 싶다. 비싼 음식을 대접받기보다는 정성이 담긴 음식을 대접받는 사람이 되고 싶다. 죽음이 찾아왔을 때 내가 누구와 싸워 이겼느냐를 설명하기보다는 무엇을 사랑했는지 자랑하고 싶다. 이런 마음이 나는 겸손의 모습이라고 생각한다.

자기 권리를 열정적으로 주장하는 사람은 대체로 마음속에서 자기 권리를 의심하는 경우가 많다. 그는 열정을 통해 사람들 관심을 자기 쪽으로 끌어들이려 시도한다. 그런 시도의 이면에는 사람들의 분별력과 의심을 마비시키려는 욕구가 숨어있다. 그리하여 이 사람은 양심의 가책을 상실하게 되고, 마침내 대중 속에서 성공을 거두게 된다.

–'인간적인 너무나 인간적인'

　대부분의 사람들이 나와 같을 것이다. 언제나 일은 하기 싫고 일에 대한 보상은 남보다 많기를 바란다. 은행에서 돈을 빌리고, 아는 사람 중에 출세한 인물이 있으면 어떻게든 그에게 달라붙어 사회적으로 높은 지위를 구걸거나, 타인이 흘린 노력의 보상을 중간에 가로채거나, 최소한의 위험부담으로 최대의 성과를 끌어내려는 것은 좋게 말하면 행복해지기 위한 몸부림이고, 나쁘게 말하면 강탈이 습관화된 일상이라고 할 수 있다. 오늘 하루에 그칠지라도 돈은 비천하고, 명예는 악하며, 질투는 나를 멸망으로 이끈다고 생각해야겠다.

비굴한 자들은 은혜를 입었다는 사실에 지나치게 감동한 나
머지 감사의 끈으로 자기 목을 조르려 든다. 이들을 역사는
노예라고 기록한다.

-'인간적인 너무나 인간적인'

불행은 소수의 사람들을 괴롭히는 예외적인 상황이 아니
다. 이 거대한 세상이 불행과 학대로 충만하다. 아니, 세계야
말로 불행 그 자체다. 사람들은 불행에 대해 논리적으로 접근
하려고 하지 않는다. 자신을 괴롭히는 심리적 압박, 불신, 불
쾌, 불안, 구역질에서 위협을 느끼고 두려워할 뿐이다. 사람
이 태어나서 죽음에 다다르기까지 그 기나긴 시간을 한 개의
단어로 압축해서 표현해야 한다면 나는 사전에서 '고뇌(苦惱)'
라는 말을 찾아 밑줄을 긋겠다. 그렇지 않고서는 우리가 이
땅에서 겪어야 되는 고통과 절망을 꺼내서 보여줄 수가 없기
때문이다.

그에 대한 다수의 감사에서 수치가 사라졌을 때 감사는 명성으로 탈바꿈한다.

-'즐거운 학문'

어디에 살고 있느냐보다 어떻게 살고 있느냐를 자존심으로 여겨야 한다. 손가락으로 가리키기보다는 손을 뻗어 직접 가져오는 게 빠르다는 것을 잊어서는 안 된다. 알고 있다고 자랑하는 사람보다 알고 싶어하는 사람에게 더 많은 기회가 돌아간다는 것을 명심해야 한다. 주위 사람들에게 불만이 생겼을 때 비판하기보다는 감싸주는 것이 그들을 진심으로 일깨우는 방법임을 기억해야 한다. 능력이 부족한 동료를 가르치기보다는 곁에서 직접 보여주는 것이 그를 성장시키는 데 더 효과적임을 깨달아야 한다.

평지에 머물지 마라. 지나치게 높이 날아오르지도 마라. 적당한 높이에서 바라본 평범한 세상이 가장 아름다운 법이니까.

−'즐거운 학문'

인생을 살면서 알게 된 사실이 몇 가지 있다. 행운은 노력하는 자에게만 그림자를 보여준다는 것이다. 노력하는 것도 중요하지만 행운의 그림자를 단번에 알아차리는 감각도 중요하다. 이 또한 연습이라는 노력을 필요로 한다. 앉아서 기다리는 사람에겐 행운이 찾아오지 않음을 알게 되었다. 행운이 찾아와도 손을 벌리고 있으면 그냥 지나간다는 것도 알게 되었다. 찢어진 그물로 고기를 끌어올리지 못하듯 손에 아무것도 쥐고 있지 않으면 행운을 잡지 못한다는 것을 알게 되었다.

직업에 대해서는 깊이 생각할 필요가 없다. 그것이 직업의 가장 큰 축복이다. 직업이란 일반적인 의구심과 걱정이 엄습할 때 스스럼없이 뒤로 물러나 몸을 숨길 수 있는 피난처 같은 것이다.

-'인간적인 너무나 인간적인'

가끔 나는 생각하는 것인데, 국회의원의 얼굴을 한 번 보기 바란다. 오히려 불쌍한 얼굴을 하고 있다. 국회의원 같은 것이 되지 않았더라면 얼굴이 그나마 나아졌을지도 모른다. 의회에서의 모습도 그렇다. 그때의 표정과 행동은 정말이지 수준이 낮아서 똑바로 봐줄 수가 없다. 나는 그런 광경을 볼 때마다 딱하게 생각한다. 불쌍한 놈이라고 동정한다. 그와 마찬가지로 회사 사장만 하더라도 높아질수록 얼굴이 초라해지는 사람이 많다. 그보다는 가령 가난하더라도, 사회적으로 평가받지 못하더라도 구애받지 않고 살아가는 사람이 훨씬 행복하게 보인다.

누군가에게 기쁨을 선사했다면 머잖아 자신도 기쁨으로 전
율하게 될 것이다. 아무리 작은 일이더라도 다른 이를 기쁘게
만들었다면 양손과 가슴에 기쁨이 충만해진다.

−'아침놀'

지금이야말로 역발상의 전개가 필요한 시점이 아닌가 싶
다. 인간은 본래 비합리적인 존재로 진화해왔다. 말하자면 목
적 없이 살아가는 영역이 필요하다는 뜻이다. 더불어 공존하
지 못하면 절대로 만족을 느끼지 못한다. 기술주의가 우리를
행복하게 만들어주지 못한 이유다. 우리 삶에는 기술문명 말
고도 값없이 꿈을 펼쳐나가는 사람들과의 교류, 온몸으로 운
명과 대결하고 환희하는 동료와의 교감 같은 충족감이 필요
하다. 이것이 회복되지 않는 한 테크놀로지는 우리 삶을 파괴
하는 수단으로 작용될 뿐이다.

건축가의 양심이란 집을 짓고 난 뒤에 터전을 깨끗하게 치우는 것이다. 원예가의 양심이란 나뭇가지를 자른 뒤에 떨어진 가지와 잎을 치우는 것이다. 이와 마찬가지로 우리들 또한 무엇인가를 이룬 뒤에는 남겨진 것들을 치워야 한다. 그래야만 완성되는 것이다.

－'방랑자와 그의 그림자'

주변을 돌아보고 정리하지 못하는 사람들은 언젠가는 자신의 행동에 책임을 지게 된다. 당장은 별일 아니라고 생각하는 행동이 훗날에 어떤 결과를 초래하게 될지는 아무도 모른다. 유대인 격언 중에 '젊은이는 무슨 짓을 저질러도 된다. 어차피 그 값은 늙어서 갚게 될 테니까.'라는 말이 있다. 오늘 아무 일도 일어나지 않았다고 해서 내일도 그리 되리라는 보장은 없다. 성서는 세계가 만들어지는 데 일주일이 걸렸다고 말한다. 하루라는 시간의 크기를 보여주는 지혜. 오늘의 작은 구멍이 내일은 인생의 구멍이 될 수도 있음을 명심해야 한다.

제대로 된 사람이 되고 싶다면 다음의 세 가지를 명심하라. 첫째, 교제할 것. 둘째, 책을 읽을 것. 셋째, 정열을 품에 안을 것. 이들 중 어느 한 가지라도 결여된다면 제대로 된 사람이 될 수 없다.

—'방랑자와 그의 그림자'

우리의 수명은 아무리 길어도 100년이 채 되지 못한다. 그리고 기껏해야 30년밖에 일하지 못한다. 세상이치를 모르는 사람은 시간이 무한정인 줄로 착각한다. 성공하는 사람은 시간이 한정되어 있음을 항상 기억해둔다. 그래서 자신이 할 수 있는 최대치의 목표, 다시 말해 가장 좋아하는 일에 능력을 쏟는다. 이때 중요한 것은 필요한 모든 지식과 지혜를 나 혼자 노력해서 배울 수는 없다는 점이다. 하지만 사람들 목소리에 귀를 기울이고, 자문을 구하고, 곁에서 지켜본다면 수십 년의 세월이 필요한 노하우를 1분 만에 얻는 것도 가능해진다. 전문가의 능력을 이용해서 나의 시간과 노력을 아낄 수 있다면 이것은 엄청난 이득이다.

Part 3

나를 하나의 운명으로 받아들이고 더 이상은 다른 것을 기다리지 않는다.

-'이 사람을 보라'

현대사회에서 개인은 고달프고 우울하다. 사회의 형태는 과거보다 물질적으로 풍요로워졌지만 사회구성원들의 삶은 시작부터 취업난이라든가, 환경의 격차로 불안에 시달려야 한다. 오늘은 그 어느 시대보다 경제적으로나 정신적으로 안정되지 못한 시기다. 청년들은 무엇인가를 준비하는 데 젊음을 다 소진해버린 채 숨 가쁘고 차가운 현실에 내동댕이쳐진다. 꿈은 현실이 되고, 현실은 좌절이 된다. 이 고된 삶 속에서 홀로 서 있기 위해 내가 나를 지탱해주고 사랑해주는 것 외엔 선택지가 없다.

사랑은 상대방을 죽임으로써 다가올 변심을 미리 막고 싶은 충동을 간신히 참아낸다. 왜냐하면 사랑은 파멸보다 변화를 더 무서워하기 때문이다.

-'인간적인, 너무나 인간적인'

관계에는 예행연습이 없다. 대부분의 만남은 상대방에 대한 사전조사도 없이 급작스레 이루어지는 게 다반사다. 파도가 해변의 기분을 묻지 않고 물보라를 일으키며 다가오듯 만남은 낯설고 불안한 나의 감정에 아랑곳없이 흘러들어온다. 주변에는 만남의 상처로 고통스러워하는 사람들이 숱하게 많다. 부끄럽게도 이 상처에는 치료법이 없다. 관성의 법칙처럼 매일 같이 반복되는 상처들에 익숙해져 아픔을 아픔답게 느끼지 못하는 상태가 되었을 때 비로소 관계와 만남으로부터 자유로워졌다고 착각하게 되는 것뿐이다.

우리는 인생을 사랑한다. 그런데 우리가 인생을 사랑하게 된 이유는 삶을 영위하고 있어서가 아니다. 사랑이라는 행위에 길들어져버린 탓이다.

–'짜라투스트라는 이렇게 말했다'

사는 게 혼란스럽고 힘들게만 느껴져 방황을 하게 된다. 그 과정에서 실수를 저지르고, 살면서 두 번 다시 저지르고 싶지 않은 잘못된 선택을 경험하기도 한다. 냉혹한 현실을 딛고 살아남고자 최선을 다했다. 그것이 나를, 그리고 나의 인생을 사랑하는 방법이라고 믿었다. 하지만 어느 순간 인생의 매순간마다 쏟아내는 인내와 노력이 너무나 힘들어 혼란을 겪게 된다. 타인이 보기에 그런 내 모습은 고통스런 상황에 무릎 꿇은 패배자처럼 비칠지도 모른다. 그러나 혼란은 포기가 아닌 다시 부딪쳐 싸우기 위한 잠시의 숨 고름임을 잊어서는 안 된다.

내가 두 손으로 이 나무를 흔들어대도 나무는 움직이지 않는다. 하지만 눈에 보이지 않는 저 바람은 나무를 뿌리째 뽑아버릴 수도 있다. 나 또한 저 나무처럼 보이지 않는 힘에 의해 뽑히는 수가 있다.

―'짜라투스트라는 이렇게 말했다'

괴테는 말했다. '인간이 갈등하고 좌절하는 이유는 지금 최선을 다해 살아가고 있기 때문이다'라고. 살아가기 위해 노력하는 한 인생은 흔들린다. 비록 지금은 나약한 처지에 있을지라도 현재의 이 모습은 삶이라는 터전 위에 뿌리를 내리기 시작한 싹의 몸부림이다. 부끄럽게 여길 이유가 없다. 패배자가 된 것처럼 좌절하고 움츠러들 필요가 없다. 인생의 주인공은 나 자신이다. 거침없이 앞으로 나아가다가 넘어지는 것은 실패가 아니다. 넘어지는 것이 두려워 그 자리를 맴도는 비겁함이야말로 패배의 아픔이다.

자신이 얼마나 오랫동안 이용당해왔는지를 깨달은 자는 이에 대한 저항으로 가장 추악한 현실까지 사랑하려 든다. 인류의 역사를 돌이켜보건대 선량한 구애자들은 언제나 추악한 현실의 노리개로 이용당해왔다. 선량한 자들은 너무나 쉽게, 당연하게 거짓말을 믿어왔기 때문이다.

-'인간적인, 너무나 인간적인'

자신의 눈으로 세상을 바라봐야 한다. 타인의 눈에 비치는 자기 모습과 이미지를 실제와 혼돈해서는 안 된다. 세상은 거대한 이미지다. 그처럼 보이는 이미지에 몰두하다 보면 자기 안의 감정을 돌아볼 여유를 잃어버린다. 이런 사람들은 곧이어 타인의 생각과 입장에도 공감하지 못하는 병에 걸린다. 나르시스트가 되는 것이다. 세상이라는 수면 위에 떠오른 거짓된 자기 모습에 도취되어 스스로를 속이는 데 집중한다. 사람들이 나를 바라봐주기를 고대한다. 갓난아기처럼 누군가의 관심에 기대어 살아가는 미숙아로 퇴화되는 것이다.

생리학자는 자기 보존의 충동이야말로 생물의 가장 근본적인 충동이라고 주장하지만, 생물은 보존보다는 과시를 선택하는 데 주저함이 없다. 생명이란 힘이 자기를 드러내는 유일한 의지이기 때문이다.

-'선악을 넘어서'

    내 힘으로 어찌할 수 없는 박탈감과 무력감, 불안 등에 대처하는 최선의 방법은 아무것도 아닌 듯 웃어넘기는 대범함이다. 모든 불합리함과 기성사회의 잘못된 유산에 비웃어주는 당돌함이 필요하다. 반복되는 착취와 차별, 불이익을 견뎌내기 위해서는 나만의 방어장치가 필요하다. 살아있음에의 기쁨이다. 어떤 상황에서도 나는 살아있다. 제아무리 괴롭고 수치스럽고 두려운 현실과 마주하더라도 그것들이 나의 생명까지 앗아가지는 못한다. 나는 살아있고, 내 힘으로 움직일 수 있으며, 내 뜻대로 이 고통들을 비웃어줄 수 있는 것이다.

오, 나의 형제들이여. 내가 너희를 사랑하는 까닭은 너희들이 하나의 과도기이며, 몰락이라는 사실을 잘 알고 있기 때문이다. 그대들이 모멸하고 있는 것, 그것이 내게는 희망이다. 악덕한 모멸 속에서 위대한 경외가 태어남을 나는 알고 있다. 그대들을 절망케 만드는 그것. 그 절망 속에 마지막 희망이 숨겨져 있다. 왜냐하면 그대들은 아직 굴종을 배우지 않았기 때문이다. 이 교활한 인습을 습득하지 않았기 때문이다.

－'짜라투스트라는 이렇게 말했다'

순간에 대한 탐닉은 쾌락이다. 더 많은 돈을 구하고, 더 많은 친구를 구하는 이유는 순간을 즐기기 위해서다. 세상이 불안해지고 미래가 불확실해질수록 인간은 현재의 쾌락에 몰두한다. 주위의 모든 것들이 급변하고 있다. 과거는 금방 쓸모없는 것으로 전락해버린다. 이를 보고 두려움에 사로잡힌 인생들은 우정을 구입하고, 신분을 구입하고, 사랑을 매매함으로써 현재라는 구조의 일부가 되려는 강박에 시달린다. 하지만 인간은 기술의 속도를 따라잡지 못한다. 그 상실감에 사람들은 미래를 계획하는 대신 현재에 굴복하고 마는 것이다.

침묵은 상대방을 배려하지 않는다. 그러므로 침묵은 가장 잔인한 위선이다. 침묵은 자신의 불평을 삼켜버림으로써 상대방의 가치를 훼손한다. 오히려 예의에서 벗어난 따끔한 충고나 불평이 인간적이고 솔직한 미덕이다.

-'이 사람을 보라'

　의도한 바와 달리 일이 자꾸만 꼬여갈 때, 최선을 다해 노력했음에도 결과가 좋지 못해 좌절하게 되었을 때, 선택의 기로에서 혼란에 빠져 방황할 때, 내 친구가, 혹은 내가 사랑하는 사람들이 나를 찾아와 허심탄회하게 고민을 털어놓고, 현명한 조언을 기대해준다면 그것은 더할 나위 없는 행복이다. 멘토를 갈망하는 시대가 되었다. 곳곳에서 멘토의 이름들이 나열된다. 그들의 목소리에 귀를 기울이고 답을 발견하려 애쓴다. 그러나 정작 자기 자신이 소중한 사람들에게 멘토가 되어주려는 헌신은 보이지 않는다.

아주 조그만 상처에서 피가 흐르는 것처럼 작은 고통을 치유하지 못하고 죽어버리는 사람이 있는가 하면, 무시무시한 삶의 재난이나 자신의 악덕이 빚어낸 행위에 일말의 가책도 느끼지 않은 덕분에 늘 건강한 육체와 평온한 정신을 소유하게 된 사람도 있다.

-'반시대적 고찰'

세상은 이해되지 않는 상식들과 믿지 못할 사람들로 가득하다. 서로 속고 속이며, 돈 때문에 살인을 저지르고, 미디어는 세계 곳곳에서 벌어진 전쟁과 테러를 이야기한다. 가진 자들은 보다 많은 부를 쟁취하기 위해 경제를 흔들어 우리를 불안하게 만든다. 효용 가치가 사라지면 언제든 폐기처분이 가능하다는 잔인한 관념이 정설처럼 굳어지고 있다. 이 비정한 세계에서는 이익에 따라 적과 친구가 수시로 바뀐다. 긴장의 끈을 놓쳐서는 안 될 피곤한 관계들이 도처에 함정처럼 내 가녀린 발목을 노려보고 있는 것이다.

아버지는 아들을 통해 자신을 더 많이 이해하게 된다.

—'즐거운 지식'

세상에 태어나 가장 잘한 일이 있다면 아버지가 되었다는 것이다. 요즘 들어 아이를 낳지 않으려는 젊은이들이 늘어나는 것을 보면서 슬픈 생각이 든다. 나에게 모든 것을 의지하는 작은 생명을 품에 안고 키워내는 일은 인생에 다시 찾아오지 않을 행복인 동시에 지옥과도 같은 증오와 고통의 시절이다. 생명은 축복과 저주를 동시에 요구한다. 이 작은 생명을 통해 인간의 본성을, 즉 나의 운명에 드리워진 진실을 발견하게 되는 것이다. 삶은 유한하며, 영혼은 나약하지만 인간이기 때문에 쉬지 않고 성장한다. 아버지가 되어서도 성장한다.

진실한 사랑이란,

영혼이 육체의 결점을 감싸주는 것으로 증명된다.

-'선악을 넘어서'

이상형이란 자기 마음속에 감춰진 욕망이 투영된 착각이
다. 자기가 갖지 못한, 그래서 갈망하게 되는 어떤 모습을 상
대에게 강요하는 폭력이다. 이상형과의 사랑을 통해 나에게
없는 어떤 부분을 메워주고 싶은 것이다. 하지만 사랑은 공상
이 아니다. 내게 없는 것을 상대방으로부터 갈취하는 것이 아
니라 그에게 없는 것을 내가 채워줘야만 완성되는 것이 사랑
이다. 만남과 헤어짐을 반복하면서 깨닫게 된다. 인간은 모두
상처받은 영혼이며, 내가 온전하지 못한 사람이듯이 내가 사
랑하는 상대 또한 결코 완벽할 수 없음을.

남자는 두 가지 욕구를 가지고 있다. 그것은 모험과 기쁨이다. 그래서 남자는 가장 위험한 전리품인 여자를 원하게 되었다.

−'짜라투스트라는 이렇게 말했다'

사랑도 배움이다. 경험을 통해 사랑하는 법을 배우고, 욕망으로부터 상대를 보호하고, 사랑을 지켜내는 법을 배운다. 사랑에 능통해진다고 해서 행복해진다고는 말할 수 없다. 사랑이란 아주 조금씩 상대를 알아가고, 상대를 알아가는 과정을 통해 내가 몰랐던 나의 진짜 모습을 발견해내는 수확의 기쁨이다. 평생을 함께 한다고 해서 그의 모든 것을 알게 되지는 않는다. 사랑이라는 감정은 우리가 서로 다르지만 공통점이 있고, 그래서 각자의 상처를 보듬어주며 치유해나갈 수 있다는 희망을 이야기해준다. 모든 병이 그러하듯 사랑이라는 치료과정도 아플 수밖에 없는 것은 감수해야 하는 대가인지도 모른다.

자신에 대한 사랑에서 비롯되지 않은 위대함을 나는 인정하지 않는다. 자신을 꾸미는 연극에 구역질이 날 뿐이다.

-'서광'

혼자 여행을 떠나게 되면 알게 된다. 여행을 떠나기 전 기대했던 것만큼 낯선 세상과 여행지는 그리 감동적이지 않다는 것을. 그보다는 무사히 여행을 마칠 수 있을까, 라는 불안감이 여행하는 내내 자신을 괴롭힌다는 사실에 실망하고 만다. 이 즐겁지 않은 여행의 가장 충실한 동반자는 나에 대한 믿음이다. 나에 대한 믿음은 나를 향한 사랑에서 비롯된다. 혼자만의 시간 속에서 우리는 완성되는 존재로 나아간다. 세상에는 자기 자신과의 관계 맺기에 실패한 사람들이 많다. 세상 모든 사람과 좋은 사이가 되었더라도 정작 나 자신과의 사이에 어긋남이 드리워져있다면 그 자체로 인생은 불행이다.

보다 높은 인간이란 인류가 걷는 보편적인 길에서 벗어난 자, 즉 초인을 말한다. 인간은 위대해짐과 동시에 두려운 존재로 자라나야 한다.

-'권력에의 의지'

미래를 생각하면 그저 암담할 뿐이다. 어느 사이엔가 인간의 마음속에서 반항이 사라져버렸다. 묵묵히 부모와 세상이 시키는 대로 길을 걸어갔다. 그 길에서 내면은 공허해졌고, 공허해진 내면은 더 이상 바깥에 관심을 두지 않게 되었다. 살아가는 데 흥미를 잃어버린 것이다. 성장이란 이별이다. 부모와의 이별, 보호로부터의 이별, 무엇보다도 이 뻔한 삶의 테두리에서 떨어져나가야 한다. 결과에 대한 책임을 내 몫으로 받아들일 수 있는 인생을 살아가야 한다. 이 세상에 전적으로 의지할 수 있는 존재는 없다.

남자는 그녀를 사랑하지만 다른 남자에게 빼앗기거나, 면사포를 걸친 그녀를 상상하거나, 그물 밖에서 그녀를 찾는 게 고작이다.

–'짜라투스트라는 이렇게 말했다'

결혼이라는 관문 앞에서 머뭇거린다. 온갖 부정적인 상념들이 머릿속을 스쳐지나간다. 타인과 가정을 이루고 살아가는 것은 쉬운 일이 아니다. 열정은 금방 식어버리고 실망과 후회가 가슴을 친다. 생활에 찌들어 나를 잃게 되는 건 아닌가 두려움이 밀려온다. 인생에는 늘 한계라는 것이 따라다닌다. 그리고 결혼은 분명 힘들고 괴로운 모습이 많지만 이 한계를 극복하는 수단이기도 하다. 강제적인 책임감과 의무가 자기 안에서 새로운 의지와 용기의 발단이 되는 것이다. 행복해서 행복한 사람은 없다. 행복해지기 위해 버둥거리다보면 우연히 행복을 찾게 되는 것이다.

결혼은 하나의 완성된 세계를 창조하고 싶은 두 사람의 의지이다. 결혼이 만들어낸 완성된 세계에서 그것을 만드는 데 필요했던 두 개의 의지는 서로 충돌한다. 의지를 함께 공유하는 자로서 상호간에 경의를 표하는 것, 나는 이것이 결혼이라고 생각한다.

－'짜라투스트라는 이렇게 말했다'

눈에 보이는 모든 것은 표현이다. 모든 사랑은 하나의 현상이며, 언어인 동시에 채색된 문자라고 할 수 있다. 오늘날 자연과학이 고도로 발달했음에도 불구하고 우리는 바라보는 훈련이 제대로 되어 있지 않아서 사랑을 함에 있어 힘겨운 싸움을 계속하고 있다. 다른 시대, 어쩌면 기술과 공업으로 지구를 정복하기 이전의 시대에 사람들은 사랑의 표정을 느끼고 이해했으며, 우리보다 더 단순하고 순수하게 사랑할 수 있었을 것이다. 사랑은 이성적인 이해가 아니다. 사랑에 이해가 필요하다고 느끼는 것은 양심의 가책과도 비슷하다.

남자를 사랑하기 위해서는 도수가 약간 높은 안경을 미리 써 두는 편이 좋다. 만약 20년 후의 그를 미리 예상할 수 있는 여성이라면 아마도 일생을 평온하게 지낼 수 있을 것이다.

-'인간적인, 너무나 인간적인'

    사람은 만나면 반드시 실망한다. 실망과 상처라는 쓰라림에는 익숙해질 수가 없다. 몇 번을 되풀이 말하더라도 사람에게 받는 상처는 고통스럽다. 그래도 우리는 포기하지 않고 죽을 때까지 누군가를 사랑하려고 시도한다. 그게 바로 인간이다. 사랑하는 사람에게 아픔을 당한 적이 없는 사람은 사랑하는 사람에게 아픔을 당해본 다른 이들에게 부드러운 손길을 내밀지 못한다. 아픔을 겪어보지 못한 사람은 타인의 아픔을 이해하지 못하기 때문이다.

사람들은 위대한 정신의 특성으로 신념을 기대했지만, 실상은 회의, 비도덕성, 공인된 신앙처럼 포기할 수 있는 것들이야말로 위대한 정신의 속성이었다. 시저, 프리드리히 대왕, 나폴레옹. 호머, 아리스토파네스, 레오나르도 다빈치, 괴테가 그랬던 것처럼 말이다.

-'권력에의 의지'

과거에 비해 현대인은 특이함을 두려워한다. 타인에게 인정받지 못하는 것을 비통하게 여긴다. 자기 안에 드리워진 욕망들을 진지하게 대하려고 하지 않는다. 그래서 정신의 성숙과 발전에 이르는 가장 단순한 방법들을 신봉하게 되었다. 대학에서 가르쳐주지 않는 것들에 대해서는 알려고 하지 않는다. 삶의 경이로운 찰나들에 열광하는 대신 계산과 측정에 안도하고, 매혹당하는 떨림 대신에 냉정한 관찰을 연습하게 되었다. 전체를 바라보지 않고 전체에서 떨어져나간 개별적인 것에 집착함으로써 작아진 자기 모습에 면죄부를 주려는 것이다.

그 어느 것으로도 만족을 느낄 수 없는 인간, 지칠 줄 모르는 욕망을 소유한 인간, 영원한 미래를 꿈꾸는 인간, 자신의 투지 때문에 안식을 찾지 못하고, 그로 인해 현재의 육체를 파멸로 이끄는 인간…. 이 용감하고 풍요로운 동물은 자신의 용기와 풍요로움 때문에 지상의 동물들 가운데 가장 무거운 머리와 괴로운 심장을 갖고 태어나는 숙명에 처해졌다.

-'도덕의 계보'

날마다 세상의 충만함이 우리 곁을 스치며 지나간다. 매일 꽃들이 피어나고, 햇살이 내리쬐며, 기쁨이 미소 짓는다. 때로는 감사에 겨워 눈물이 나고, 괴로운 추억들을 잊기 위해 술을 찾기도 하며, 반복되는 일상에 지쳐 피곤으로 쓰러지기도 한다. 나 자신에 대해서마저도 알고 싶은 것들이 없다고 생각될 때도 있다. 하지만 우리는 언제나 아름다운 것들에 둘러싸여 살아간다. 인생은 어디서나 아름답기도 하고, 또 어디서도 아름답지 않은 것이기도 하다. 그 신비로움을 머리와 심장만으로 이해할 수는 없는 노릇이다.

인생에서 최고의 기쁨을 수확하는 비결. 그것은 삶에 주어진 천부적인 고통에 스스로를 노출시키는 것이다. 그대의 도시를 베수비오 화산의 산허리에 건설하라. 그대를 태운 배를 아무도 알지 못하는 바다 한가운데에 띄워라. 지배와 소유를 꿈꾼다면 약탈과 정복을 인정하라. 겁먹은 사슴처럼 숲속에 숨어 만족하던 시대는 머잖아 사라진다.

-'즐거운 지식'

괴테가 쓴 시 가운데 '나는 이곳에 감탄하기 위해 태어났노라!'는 구절이 있다. 우리는 감동하고 감동을 일으키기 위해 지상에 태어난 생명들이다. 지금 걷고 있는 길은 헛된 길이 아니다. 나의 존재와 매일처럼 떠오르는 내 안의 계시들에 마음을 열게 된다면 인간의 탐욕으로 일그러진 세상 따위 얼마든지 뛰어넘을 수가 있는 것이다. 생각하고 명령하는 것, 얻어내고 착취하는 것, 싸우고 조직하는 것들에서 벗어나 괴테처럼 나의 삶 그 자체를 감탄하며 즐길 수 있게 되기를 바라야한다.

만약 결혼이 동거를 고집하지 않았더라면 행복한 결혼은 지금보다 더 늘어났을 것이다.

−'인간적인, 너무나 인간적인'

인간은 그 어떤 동물보다 쓸쓸함에 민감하게 반응하는 동물이다. 허전함과 쓸쓸함만으로도 사람은 죽음에 이르곤 한다. 자신의 고독에 듬뿍 잠겼다가 떠오른 사람에게서는 참된 인간적인 다정함이 느껴진다. 인간은 천성이 고독해서 서로 손을 잡으려 하고, 살결과 살결을 마주대하며 따스함을 느끼려 한다. 마음과 마음으로 이야기하고 싶어서 내가 아닌 다른 사람을 소유하려 든다. 그로 인해 부딪쳐 상처를 입게 되더라도 나의 고독을 이해해주는 상대를 찾아 헤매는 까닭은 그에게 나의 고독을 나눠주고 싶기 때문인지도 모른다.

남성이 여성을 만들었다. 그렇다면 무엇으로 만들어냈는가.
그가 추종하는 신의 이상적인 늑골이 그 주인공이다.

-'우상의 황혼'

  사람들은 자연을 사랑한다고 말한다. 그래서 집 밖으로 나
가 대지의 아름다움을 즐기고, 풀밭을 짓밟고, 마지막에는 꽃
과 가지를 잔뜩 꺾어 집에 가져와서는 그것이 시드는 과정을
지켜본다. 이것이 자연을 사랑하는 방법이다. 자연을 집안으
로 옮겨 자유를 빼앗고 메말라가게 만드는 것이 선량한 마음
이라며 스스로 감동한다. 이는 곧 사람과 사람 사이에도 공통
적으로 적용된다. 타인에게서 나와의 공통점을 찾으려는 것
은 그에게 나만의 개성과 특징을 강요하는 억압이며 구속이
다. 만남이 둘 중 한 명에게 상처가 되는 이유이기도 하다.

가장 훌륭한 친구는 아마도 가장 사랑스런 아내를 얻게 될 것이다. 결혼은 우정의 재능에서 비롯되기 때문이다.

−'인간적인, 너무나 인간적인'

인간은 본래 고독하다. 그것을 알면서도 다른 사람에게서 사랑과 우정을 구한다. 고독하기에 사랑이 필요하고, 말을 건넬 수 있는 친구를 원하는 것이다. 우리에겐 피부의 온기를 서로 나눠 갖는 상대가 필요하다. 인간이라면 외로운 것이 당연하다. 내가 외롭기에 그 사람도 외로울 것이다, 내가 이렇게 외로운데 그 사람도 틀림없이 누군가를 그리워할 것이다, 라고 생각했을 때 동정심이 생기고, 공감대가 형성되고, 이해가 이루어지고, 마침내 사랑과 우정이라는 결실이 맺어진다.

가장 위험한 망각. 처음에는 타인을 사랑하는 법을 잊어버리고, 마침내 자기 자신을 사랑해야 한다는 사실마저 잊어버린다.

-'서광'

세상을 커다란 뜨개질에 비유해보면 어떨까. 뜨개질은 한 땀 한 땀 정성껏 바느질을 놓아야 한다. 오른쪽 코와 왼쪽 코와 위쪽 코와 아래쪽 코가 차례로 이어져 따뜻한 머플러와 훌륭한 테이블보가 완성된다. 당신은 그 뜨개질의 한 코에 불과하다. 비록 보잘것없지만 당신이라는 한 땀을 놓쳐서는 큰일이다. 상하좌우의 많은 뜨개질 코에 피해를 주게 된다. 작아보여도 당신의 자리를 지켜야 한다. 세상보다는 작아보여도 당신의 존재가 있기에 이 세상이 완성된다. 당신 옆에 서 있는 수많은 그들 또한 마찬가지다.

자연은 여성을 통해 자신이 지금껏 무엇을 제작했는지 확인한다. 반대로 남성을 통해서는 자신이 무엇을 극복해야 하는지, 앞으로 무엇을 계획하고 제작해야 하는지를 확인한다.

–'인간적인, 너무나 인간적인'

만일 그 사람을 만나지 않았더라면⋯. 만일 그 사람과 결혼하지 않았더라면⋯. 훗날 이런 생각을 해봐야 달라지는 것은 없다. 운명은 어쩔 도리가 없다. 만물이 유전하는 법칙에서 일개 개인의 운명은 우주의 눈에는 보이지 않는 티끌에 불과하다. 사람으로 태어난 이상 이 땅에서 뒹굴며 괴로워하는 수밖에 없다. 남녀 사이를 불교에서는 '갈애(渴愛)'라고 부른다. 타는 듯이 목이 말라 참지 못하겠다는 뜻이다. 남자와 여자는 아무리 오랜 세월 함께여도 서로의 마음은 메말라갈 수밖에 없다.

모든 것이 그대의 자유다. 그대가 어떤 일을 할 수 있는 것은 그대가 원하기 때문이다.

'짜라투스트라는 이렇게 말했다'

고생을 고통으로 받아들이는 생활은 살아도 재미가 없다. 이것이 내 몫임을 깨달았을 때 호불호를 가리지 않고 세상에 이보다 더 즐거운 일은 없다고 나 자신을 타이르며 부딪쳐본다. 나이가 들면서 생활에 작은 변화가 생겼다. 예전에는 실망하거나 힘든 일이 있을 때 아무것도 생각하지 않고 온종일 누워있었다. 그렇게 시간이 지나 내 안의 나쁜 감정들이 저절로 사라져주기를 바란 것이다. 하지만 지금은 다르다. 나쁜 감정이 사라져주기를 기다리지 않는다. 내가 좋아하는 일들로 나를 가득 채우려고 노력한다. 이 덧없는 인생에서 내일까지 살아있으리라고 단정 지을 수는 없기 때문이다.

사랑하는 것과 멸망하는 것은 태곳적부터 함께 내려온 숙명이다. 사랑하려는 의지는 죽음을 향해 나아가려는 의지와 다르지 않다.

−'짜라투스트라는 이렇게 말했다'

살다보면 누군가를 부러워하고 질투하기 마련이다. 어느 날 깨닫고 보니 그 질투가 더해져 사람을 미워하고 있는 자신을 발견하고 만다. 무엇인가를 갖고 싶다는 욕망에는 끝이 없고, 아무리 많은 것을 가져도 그것을 갖게 된 순간 또다시 다른 것을 찾아 헤맨다. 사랑받고 싶고, 그래서 그 사람으로부터 사랑받게 되어도 더 많이 사랑받고 싶다는 욕망 때문에 마음은 불안하기만 하다. 사랑으로 인하여 고통이 시작된다. 그것이 사랑이라는 감정이다. 그 감정은 죽음에 이르러서도 멈추지 않는다.

무엇 때문에 나는 수풀과 거친 들판을 헤매이었던가. 그것은 내가 인간을 너무나 사랑했기 때문이다. 이제 나는 오직 신만을 사랑하련다. 더는 인간을 사랑하지 않겠다. 인간은 지독히도 불완전한 존재다. 인간을 사랑한다는 것은 멸망을 의미하게 될 뿐이다.

–'짜라투스트라는 이렇게 말했다'

살아있는 한 우리는 행복해질 권리가 있다. 인간은 행복해지기 위해 이 세상에 태어났다. 나의 존재로 인해 누군가가 행복해지기를 바라면서 살고 있다. 세상은 새롭게 변해간다지만 밝음은 보이지 않는다. 하지만 절망해서는 안 된다. 미래는 당신의 젊음 안에 들어있다. 지나간 과거로 고민하지 말고, 미래에 닥칠 위협을 걱정하지 말고, 살아있는 지금 이 순간에 최선을 다해 힘껏 살아가면 되는 것이다. 행복은 언제나 내 마음속에 있다. 그리고 나와 함께 살아가는 이들의 마음속에 있다. 그것을 잊지 않고 돌아보기만 하면 된다.

소유와 사랑! 이것은 엄연히 다른 관념이다. 하지만 둘은 동일한 충동에서 빚어진 이중적인 결과일지도 모른다. 이미 원하는 것을 소유한 자는 자신의 소유물에 대한 권리를 행사한다. 그 때문에 그는 타인들로부터 '강자', 또는 '억압자'로 불린다. 그래서 소유욕은 늘 부정적인 취급을 받는다. 반대로 원하는 것을 아직 얻지 못한 자는 상대적으로 '약자'이며 '소외된 자'로 인식된다. 그래서 사랑은 늘 긍정적인 취급을 받는다. 얻지 못했을 때 그것은 사랑으로 칭송받고, 얻었을 때 그것은 소유가 되어 비난에 시달린다.

-'즐거운 지식'

사랑을 손에 쥐었다는 확신이 생기기 무섭게 겸손을 잊어버린다. 사랑을 얻은 것이 마치 당연한 운명이라도 되는 것처럼 우쭐해하며 사랑을 독점하려고 한다. 괴로움은 바로 그날부터가 시작이다. 내가 당신을 사랑한 만큼 당신도 나를 사랑해야 한다고 요구한다. 사랑에는 답례가 따라야 한다고 믿는다. 원금뿐 아니라 이자까지 보태달라고 강요한다. 자신이 베풀 때는 억지로 떠맡기듯 안겨주면서 그에 대한 보답은 순결하고 희생적이기를 원한다. 가뜩이나 괴로움 많은 인생사가 서글퍼지는 이유다.

존재에서 비롯되는 필연적인 사건을 진정한 아름다움으로 받아들이는 것. 나는 이것을 배우고 싶다. 그리하면 나는 평범한 사물을 아름다움으로 승화시키는 사람들 중 한 명이 될 것이다. 운명에 대한 사랑. 앞으로는 이것이 나의 유일한 사랑이 되어주기를 간절히 소망한다.

-'즐거운 지식'

인간의 운명은 다양하다. 신은 공평한 분이기에 어느 한 사람에게만 축복을 내려주시지는 않는다. 삶은 아주 긴 시간이다. 좋은 날과 나쁜 날이 번갈아 찾아온다. 한 달 내내 비가 내리지는 않는다. 비가 그친 하늘은 그 어느 때보다 새파랗다. 살다보면 파랗게 갠 하늘과 만나게 되는 날이 반드시 찾아올 것이다. 단지 그 하늘이 계속되지 않을 뿐. 기계로 본을 뜬 컵처럼 획일적인 인생들 속에서 손수 만든 찻잔처럼 운치 가득한 사람이 되기를 소원해본다. 찻잔 하나를 만드는 데 수많은 땀방울이 필요하듯 나의 생에서 운치가 느껴지기까지 얼마나 많은 고행과 노력과 피와 땀과 눈물이 필요하게 될까.

행동은 약속할 수 있지만 감정은 약속해줄 수 없다. 감정은 변덕스럽기 때문이다. 누군가에게 언제까지 사랑해주겠든지, 언제까지 증오하겠든지, 혹은 언제까지 충실하겠다는 약속을 서슴지 않고 결행하는 인간은 자신의 힘이 미치지 않는 것을 약속하는 것과 다름없다.

-'인간적인 너무나 인간적인'

억지로 약속을 지키려고 노력하지 않아도 된다. 싫은 건 싫은 대로 놔두고, 마음이 가는 대로 움직이는 것이 자연스럽다. 다만 시점을 조금 바꿔본다면 싫다고 느껴졌던 그 일이 그렇게까지 싫지는 않음을 깨닫게 될지도 모른다. 그것이 살아가는 재미 중 하나라고 생각하면 모순도 쓸모가 있다. 인간은 숨을 내쉴 때마다 거짓을 토하며 살고 있는 존재다. 해가 더할수록 자꾸만 그런 생각이 든다. 만남에 서툴고, 여간해서는 사람들에게 곁을 내주지 못하는 이유는 상대방의 마음을 헤아리는 상상력이 부족하기 때문이다.

그녀와의 결혼을 선택하기 전에 스스로 물어봐야 한다. '너는 이 여자와 늙을 때까지 함께 이야기할 자신이 있는가.' 사랑은 일시적이지만 함께 지내는 시간의 대부분은 대화로 이루어지기 때문이다.

–'인간적인 너무나 인간적인'

사랑은 착각 위에 피어나는 꽃에 지나지 않는다. 여자는 연인의 얼굴에 이상적인 남자의 가면을 씌우고 내가 찾던 그 사람이라고 착각하며 정열을 불태운다. 그 가면이 벗겨졌을 때 헤어졌던 남자와 다를 것이 없다는 것을 깨닫고 괴로워한다. 잘못된 사랑을 피하라는 말은 하지 않겠다. 여자는 단지 사랑을 통해 자신을 발견해낼 뿐이다. 사랑은 여자의 내면을 깊게 만들고, 사랑은 여자에게 지혜를 선물한다. 사랑 때문에 괴로워하는 여자는 사랑해보지 못한 여자보다 아름답다. 그래서 여자는 사랑을 찾는다.

순간의 어리석음 - 이것이 그대들 세계에서 연애라는 이름
으로 불리는 감정의 정체였다. 그리고 그대들의 결혼은 순간
의 어리석음에 종지부를 찍어버림으로써 해결된다. 대신 장
기간에 걸친 새로운 어리석음이 탄생하는 순간이기도 하다.

–'짜라투스트라는 이렇게 말했다'

부부 사이 또는 가정은 남편과 아내가 진심으로 전력투구
하며 서로를 지켜주고 애정을 쌓아나가지 않으면 유지될 수
없다. 결혼생활의 성취는 인간이 전력을 다해 지킬 만한 가치
가 있는 매우 어려운 사업이다. 그 사업을 지켜내기 위해서
는 동업자의 장점을 발견해야 한다. 어떤 사람이든 칭찬받을
만한 장점이 하나쯤은 있다. 장점과 단점은 안과 겉의 구분에
불과하다. 겉에서 단점이 보인다면 안에서 장점을 찾고, 안에
서 단점이 보인다면 겉에서 장점을 찾아야 하는 것이다.

가장 아름다운 사랑도 약간은 쓰다.

-'짜라투스트라는 이렇게 말했다'

   '사랑은 외부에서 유입된 관념이 쾌락으로 변질된 병리현상에 불과하다.' 철학자 스피노자의 말이다. 사랑은 겉으로 보기엔 아름답고 신성하다. 그러나 속내는 성욕이다. 즉 본능을 바탕으로 한 개인의 이기심이다. 이 본능이 특수한 외부조건의 도움으로 실체화된 것이 우리가 말하는 사랑의 정체다. 그래서 사랑은 기본적으로 노이로제 상태다. 그, 또는 그녀와 함께 지냄으로써 나의 인생이 행복해질 것이냐에 대한 판단은 없다. 그저 곁에 두고 싶다는 강렬한 욕구뿐이다. 그 욕구가 지나친 나머지 판단을 흐리게 만들고, 결국 결혼이 성사되어야 할 적당한 근거를 찾는 대신 결혼할 수밖에 없는 이유만 열거하게 만든다.

사랑보다는 두려움이 인간에 대한 일반적인 통찰을 파악하는 데 더 큰 힘을 발휘했다. 두려움은 상대방이 누구인지, 무엇을 할 수 있는지, 앞으로 어떤 행동을 저지를 것인가에 관심이 많다. 반대로 사랑은 상대방의 멋진 모습만 바라보려 하거나, 그를 남보다 높은 자리에 앉히려는 은밀한 충동에 시달린다.

-'아침놀'

통제 불능의 불꽃 같은 사랑은 때론 환경을 지배하기에 이른다. 그 강렬한 불꽃이 또 다른 생의 욕구를 물리치는 것이다. 나의 삶에서 단 한 번도 본 적이 없는 집착과 욕망으로 눈앞의 장애를 손쉽게 무너뜨린다. 사랑이라는 정념 앞에서 목숨도 아깝지 않다. 이 사랑이 실패로 끝났을 때 다른 모든 가치와 목표, 행복을 포기하고 자살을 선택하는 경우가 있을 정도다. 베르테르는 소설 속 등장인물이 아니다. 해마다 베르테르와 같은 이유로 목숨을 끊는 젊은이들이 부지기수다.

내가 들었던 가장 훌륭한 말은 바로 이것이다. '진실한 사랑을 할 때면 영혼이 육체를 감싸안아준다'

-'선악을 넘어서'

프랑스의 작가 라로슈푸코는 사랑을 일컬어 악마라고 정의했다. 세상 사람들은 입만 열면 사랑을 이야기하지만, 누구도 사랑의 실체를, 그 잔인한 악마를 본 일은 없다. 그래서 어느 작가들은 사랑에서 파생되는 정열은 실재하는 인간의 감정이 아니라고 주장하기에 이르렀다. 천재로 불리는 시인마다 사랑을 묘사했고, 우리는 그들의 시를 통해 크나큰 감동을 느낀다. 어떻게 이런 일이 가능할까. 사랑이 인간의 본성을 위반하는 특별한 정념, 혹은 허망한 공상이 아니기 때문이다.

어떤 이는 텅 빈 것을 가득 채우려 하고, 어떤 이는 가득 채워진 것을 비우려 한다. 두 사람이 지금 하고 있는 일은 사랑이다.

-'아침놀'

　사랑을 인류 전체의 입장에서 고려한다면 다음 세대의 성립을 위한 최소 조건이다. 다음 세대의 등장을 위한 배려이자 헌신이다. 이 같은 입장에서 사랑을 고찰했을 때 개인의 정열과 실연에 따른 불행은 다음에 등장할 인류의 존속과 그 세대에게 직결된 문제일 뿐, 개인의 의지는 고려의 대상이 아니다. 한마디로 정의하자면 사랑은 개인의 의지가 극대화되어 종족의 의지로 몰수된 상태를 뜻한다. 우리들 각자의 개인적인 의지가 공동의 의지에 압도된 망상인 것이다.

사랑과 자비로 불리는 타인을 위한 박애적인 위장술을 연습하고자 자기 자신에게 솔직해질 필요는 없다. 나에 대해 많은 것을 알고 있을 필요도 없다.

-'아침놀'

사랑은 반드시 쇠하는 때가 온다. 시간과 함께 식어버린다. 불타오르는 정열은 언젠가는 재가 된다. 사랑의 성취 뒤에는 파국과 비극이 찾아오는 것을 피하지 못한다. 외로움과 굴욕도 맛봐야 한다. 사랑하는 사람이 떠난 후에는 홀로 고독을 견뎌내야 한다. 처음부터 지나가는 사랑이었다면 그 끝은 너욱 괴롭다. 나의 행복을 위해 다른 이가 상처 입었다면 그 상처의 두 배가 내게 돌아오는 것이 사랑이다. 사랑을 택하기 전에 고통부터 각오해야 한다.

만약 그녀가 나를 사랑한다면 그녀는 나를 귀찮게 만들 것이다. 만약 그녀가 나를 사랑하지 않는다면 그녀는 나를 귀찮게 만들 것이다. 결국 양쪽 모두 나를 귀찮게 만들 것이다. 그러니 결혼하라!

-'아침놀'

결혼은 두 사람 사이에서 탄생할 새로운 인류의 의지다. 다시 말해 아직 존재하지 않는 후손들의 살고자 하는 의지가 현세대에 영향을 미쳐 낯선 두 남녀가 사랑에 빠진다. 서로 주고받는 눈짓, 유혹하기 위한 몸가짐에서 출현을 고대하는 미래 세대의 의지가 확인되고 있다. 모든 인간은 불완전하기에 결혼을 꿈꾼다. 사람이 완전하지 못하다는 것은 절대적 진리가 결정한 사안이며, 그래서 인간의 공통원칙은 각기 노력해야 하며, 그 노력은 항상 완전을 추구해야만 한다. 우리가 추구하는 완전은 절대적 진리 안에 있다. 그리고 인간은 결혼이라는 관계에 의해 보다 완전해진다.

사랑이라는 병의 치료제는 한 가지뿐이다. 사랑하는 사람이 내게 보여주는 사랑이다. 고대로부터 내려온 근본적인 치료제다.

-'아침놀'

석가나 그리스도의 존귀함은 타자의 고통을 자신의 고통으로 받아들인 데 있다. 그 깊은 온정이 사람을 살렸다. 우리는 그 온정을 사랑, 혹은 자비라고 부른다. 평범한 우리들로서는 감히 따라할 수도 없는 희생이다. 현대교육은 나의 이익과 행복을 추구하라고 가르쳐왔다. 오늘날의 황폐화된 인심은 자기 이익만을 추구해온 대가인 셈이다. 모든 사랑은 고귀한 희생이다. 사랑하는 사람들의 영혼이 성화되어 우리가 살아가는 세상을 비춰주고 있다고 나는 굳게 믿는다.

사랑이란 나와는 정반대의 삶을 살아가는 그 사람을 있는 그대로, 나와 정반대의 감성으로 세상을 바라보는 그의 감성을 있는 그대로 기뻐하는 행위를 말한다. 사랑을 이용해 둘 사이의 차이를 극복하려 하거나, 어느 한쪽을 움츠러들게 만들어 복종시키는 것은 사랑이 아니다. 두 사람이 있는 그대로의 모습으로 기뻐하게 만들어주는 것이 진실한 사랑이다.

-'방랑자와 그의 그림자'

그가 소유한 의식은 그의 것, 그의 기분 또한 그의 것. 가까운 사람일수록 '이해해주겠지'라는 생각에 이렇게 해, 저렇게 해, 라는 과잉된 요구를 하고 만다. 자기도 모르는 사이에 주변인들을 내 의지로 컨트롤하고 싶어지는 욕망이 커나간다. 하지만 이것은 성공할 수 없는 시도이며, 아무리 다정한 사이이더라도 언젠가는 서로의 곁을 떠나게 된다. 그래도 이것만은 무슨 일이 있어도 요구해야 싶을 때는 '나라면 그런 요구를 받아들일 수 있을까?' 스스로에게 질문해보는 과정을 거쳐야 한다.

사랑은 그의 안에서 아름다움을 발견하려는 도전이다. 사랑은 그의 안에서 발견된 아름다움을 언제까지나 지켜보고 싶은 눈동자다.

-'아침놀'

왜 우리는 버릇처럼 내게 '없는' 것만 찾아다니는 것일까. 나를 괴롭히는 상사와 나를 이해해주지 않는 부모님이 내 인생의 전부는 아니다. 나를 이해해주는 좋은 동료가 있고, 나를 도와주는 친구가 있고, 사랑하는 아내, 혹은 남편이 곁에 있다. 이들은 내가 이미 가진 것들이다. 내게 없는 것을 찾고, 내가 할 수 없는 일을 찾아다니는 건 아주 쉬운 일이다. 그리고 이보다 더 쉬운 일은 내가 벌써 가지고 있는 것들을 발견하는 일이다. 고개를 들고 이미 주어진 것들을 돌아봐야 한다.

인간에겐 옳은 일만이 아닌 잘못된 일도 할 수 있는 의지가 있음을 깨닫게 되었을 때 소년은 마침내 어른이 된다.

-'나의 여동생과 나'

동공에는 흰자위와 검은자위가 있다. 그리고 시각은 조그마한 눈동자, 즉 검은자위에게만 주어졌다. 그런데 많은 사람들이 흰자위로 세상을 보고 싶어 한다. 자기가 보고 싶은 것만을 보려고 한다. 뻔히 보이는 오류와 거짓에 눈을 감아버린다. 정말 봐야 할 것들에 대해서도 눈을 감아버린다. 화려한 성공은 흰자위에 비친 흐릿한 영상에 불과하다. 검은자위에 새겨진 고통과 갈등, 절망의 순간들은 절대로 보이지 않는다. 검은자위가 사라진 눈동자에는 흰자위만 남는다. 흰자위는 아름답지만 결국 아무것도 보지 못하는 눈동자다.

삶이 꿈이고 죽음이 깨달음이라는 말이 사실이라면, 내가 나 자신을 다른 모든 사람보다 특별하다고 생각하는 것 역시 꿈에 지나지 않을 것이다. 그러나 한 가지 확실한 사실은 내겐 아직도 사랑을 꿈꿀 자유가 있다는 것이다.

－'일기'

모든 문제가 나로부터 시작되었다고 할 수 있다. 내가 세상을 바꾸기는 불가능해도 내가 나를 바꾸는 것은 얼마든지 가능한 일이다. 세상이 나를 괴롭히는 것 같지만 결국 그 문제와 정면으로 마주하는 사람은 나라는 사람 한 명뿐이기 때문이다. 나 때문에 문제가 더욱 심각해질 수도 있고, 나 때문에 그 문제가 해결될 수도 있다. 한 사람의 인간은 무력하지 않다. 세계를 변화시키지 못할지라도 최소한 나 한 사람은 변화시킬 수 있다. 그리고 내가 변하면 놀랍게도 세상이 변한다.

세상에는 세 가지 종류의 사랑이 있다. 너에 대한 사랑, 너를 잊어버리는 사랑, 너를 싫어하는 사랑이 그것이다.

—'아침놀'

내가 잘 나지 못해서, 혹은 사람들과 어울리는 데 익숙하지 못해서 고독해지는 게 아니다. 몸이 병들어서 마음까지 약해진 게 아니다. '그것'들에 둘러싸였기에 고독해지고 하루의 삶이 아프게 다가오는 것이다. 더는 '너'로 불리지 못하고 '그것'으로 여겨진다는 것을 알게 되었기에 불만이 늘어난다. 친구를, 가족을, 세상을 '너'라고 부를 수 없게 되었을 때 희망도 사라진다. 세상이 '나'를 '너'라고 불러주게끔 만들어야 한다. 내가 꿈꾸는 미래가 '나'를 '너'라고 불러줄 때까지 노력해야 한다.

형제를 사랑하지 않는 것은 형제에게 버림받는 것보다 더 수치스러운 일이다. 형제는 나의 또 다른 얼굴이기 때문이다.

-'나의 여동생과 나'

내 말에 귀기울여주고 있다는 느낌이, 저 사람은 항상 내 이야기에 관심을 갖고 있으며, 내가 하는 말을 누구보다 빨리 알아차려준다고 생각되었을 때 소중한 인연이 만들어진다. 사람을 상대하는 게 왠지 불편하고 어려웠던 이유는 자존심을 지키는 데 골몰했기 때문이다. 마음을 열기 전에 귀부터 열어놓아야 한다. 사람들이 나를 찾게 만드는 기술이다. 몇 마디 말로 내 입장을, 내 생각을 강요하는 것은 실패할 확률이 높다. 그러므로 상대방이 몇 마디 말로 자신의 입장과 생각을 축약시키도록 들어줘야 한다. 그것이 우정의 공식이다.

사랑하고 싶다면 우선 남에게 강요하지 말고, 자신의 마음을 똑바로 저울질해봐야 한다. 마지막으로 한눈팔지 말고 묵묵히 최선을 다해 한 사람만을 사랑해야 한다. 평범한 방법이지만 사랑을 위해서는 달리 방법이 없다.

－'유고'

친한 사이일수록 일거수일투족이 마음에 걸려 사소한 말 한마디에 상처를 받고 마침내 불평을 터뜨리고야 만다. 제발 나를 이해해달라고, 그리고 인정해달라고, 무엇보다도 좀 더 다정한 말로 얘기해달라는 이기적인 요구가 그것이다. 여기에는 나쁜 뜻이 전혀 없다. 하지만 이런 요구를 듣게 되는 피해자 입장에서는 질책하는 것처럼 들리는 게 사실이다. 그리고 나아가 불만의 소리가 점점 확대되어 구체적인 지시와 명령의 단계에 접어들게 되면 서로의 입장 차이는 돌이킬 수 없는 강을 건너게 된다.

가장 아름다운 인생이란 무엇인가. 한 번도 사랑에게서 상처받은 적이 없는 인생이 아니라 상처받을 때마다 조용히, 그러나 힘차게 다시 일어나 사랑하는 것이야말로 가장 아름다운 인생이다.

-'일기'

우리는 자신의 약점이 무엇인지 잘 알고 있다. 두려움은 언제나 아는 데서 시작된다. 세상에 완벽한 사람은 없다. 만약 이 세상에 완벽한 사람이 있다면 그의 가장 큰 약점은 완벽함일 것이다. 약점은 내가 그것을 인식하고 인정했을 때 배려라는 훌륭한 장점으로 바뀐다. 자신의 약점을 인정할 줄 아는 사람은 상대의 약점에 대해서도 너그럽게 인정하는 마음가짐을 보여줄 수 있기 때문이다. 나의 부족함을 드러냄으로써 원만하고 부드러운 관계가 맺어지기 때문이다. 만남은 우리 삶이 끝날 때까지 우리를 환영해주는 행복이다. 돈도, 명예도, 건강도 욕심을 부려봐야 언젠가는 상처와 실망을 안겨주지만, 새로운 만남은 내가 어떤 모습이든, 어느 곳에 있든 마음먹기에 따라서는 언제든 새로운 기쁨을 찾아낼 수가 있다.

사랑은 어리석음을 연기하는 것이다.

−'강연록'

　사랑도 능력인 시대를 살고 있다. 이 시대의 사랑을 한마디로 정의하자면 집단화다. 집단화란 비슷한 사람끼리 모인다는 특징을 갖고 있다. 요즘 사람들은 자기와 비슷한 사람하고만 사랑하려 든다. 앞으로 이런 경향은 더욱 두드러질 것이다. 현대인은 서로가 내뿜는 보이지 않는 냄새에 민감하게 반응한다. 사회계층, 직업, 수입 등의 수준이 비슷한 사람끼리 어울리는 데 익숙해졌다. 사랑도 단계를 따지고 정해진 계급에 의해 나뉘지는 세상이 되었다. 사람과의 만남이 신분상승의 지름길로 전락해버린 것이다.

사랑은 대부분 하찮게 지나간다.

그래서 사람들은 그것이 사랑인 줄도 모르고 지나친다.

-'유고'

　　연애를 시작했다면 진심으로 집중해야 한다. 남자와 여자
의 만남은 메아리와 다를 것이 없다. 크게 소리를 지르면 메
아리도 큰소리로 화답해준다. 힘없이 건성으로 부르면 메아
리도 맥없는 목소리로 대답한다. 사랑하는 사람이 있고, 그에
게서 사랑받는 것도 중요하지만 자유도 필요하다. 자유가 없
는 사랑은 행복하지 않다. 자유가 있다면 마음껏 사랑하고,
훗날 그로 인해 상처받더라도 다음 사랑으로 더욱 행복해진
다. 두려워할 필요가 없다. 내 마음에 응답해주지 않을까 상
처를 두려워하는 사람은 사랑하지 못한다.

Part 4

인간의 허영심이 가장 큰 상처를 받게 되는 경우는 인간의 긍지가 상처받을 때다.

-'선악을 넘어서'

우리가 살아가기 위해서는 나 자신의 삶이 중요하고 특별한 것이라는 확신이 반드시 필요하다. 그런 확신이 없다면 삶의 매 순간은 상처의 연속이 된다. 그러나 이 사회는 나 자신의 유일성과 중요성을 발견할 만한 기회를 허락해주지 않는다. 언제든 쏟아 부은 노력과 시간들이 무시당하고 배척받을 수 있다는 것이다. 그 때문에 참을 수 없는 공허와 허무가 쌓인다. 희망과 가능성은 수시로 방황과 좌절이 되곤 한다. 그리고 인간은 방황과 좌절을 통해 독립할 수 있는 힘을 얻게 된다.

그대는 친구를 위해 맑은 공기와 고독과 빵과 약이 될 수 있는가?

–'짜라투스트라는 이렇게 말했다'

.

만일 당신이 다른 사람들을 믿지 못하고 모든 것을 직접 해야 직성이 풀리는 성격이라면, 그래서 항상 피곤하거나 분노를 조절하는 데 어려움을 겪고 있는 사람이라면 고민해봐야 한다. 나를 괴롭히는 불신과 분노가 다른 사람들 탓인지, 아니면 내가 나를 믿지 못한 데서 비롯된 강박인지를 말이다. 스스로를 믿지 못하는 사람이 타인에게 신뢰받을 리 없다. 스스로를 인정하지 못하는 사람이 타인을 신뢰할 수 있을 리 없다. 신뢰와 우정은 주고받는 것이다. 내가 나를 믿고 인정해주었을 때 타인에 대한 신뢰가 형성되고, 사람들이 나를 인정해주게 되는 것이다.

현대적인 인간성에 노출된 나는 이 질병과의 투쟁을 선택할 수밖에 없었다. 나의 투쟁은 시대적인 것, 또는 시대에 적합한 모든 것들에 대한 경계심과 냉담함과 각성을 의미한다. 다시 말해 인간에 대한 모든 진실을 보다 먼 곳에서 살펴보고, 내 발 밑에 둘 수 있는 눈을 원한 것이다. 이 목적을 달성할 수만 있다면 어떤 희생도 아깝지 않다.

–'바그너의 경우'

인생은 숙제가 아니다. 내가 아니면 안 되는 일은 세상에 없다. 세상 모든 짐을 내가 지고 가야 될 이유는 없는 것이다. 보이는 것들에 타인의 감정과 판단을 대입할 경우 사는 것은 짐이며, 해결할 수 없는 난제가 된다. 자기를 주장하기보다는 언젠가 남들이 나를 알아주겠거니, 기대하는 기다림은 행복이 아니다. 만인에 둘러싸여 정신적으로 자신을 학대하는 길을 선택하는 것보다 홀로 무대 위에 올라 독백을 읊조리는 편이 더 큰 축복임을 잊어서는 안 된다.

인간이 독을 싫어하게 된 결정적인 이유는 그것을 먹으면 죽기 때문이 아니라 맛이 없어서였다.

-'인간적인, 너무나 인간적인'

욕망이라는 단어를 더 이상 부끄러워하지 않아도 되는 시대를 살아가고 있다. 사람들은 이제 떳떳하게 욕망을 드러내고, 적극적으로 찾아나서며 충족시키기 위해 수단과 방법을 가리지 않고 있다. 욕망을 드러내면 드러낼수록 솔직하고 능력 있다는 칭송을 받기에 이르렀다. 그렇다고 모든 것을 숨기지 않고 드러내야 한다는 건 아니다. 욕망과 감정을 거르지 않고 있는 그대로 표현한다면 끔찍한 일이 벌어질 것이다. 무엇보다도 주변 사람들이 견디지 못한다. 욕망이라는 자아는 양보라는 공동체의 미덕을 익히려고 하지 않기 때문이다.

새로운 시대는 지나간 시대의 심판자가 될 수 없다. 앞선 세대는 그대들에게 아무런 권리도 부여하지 않았다. 그토록 심판을 원한다면 스스로를 한번 돌이켜 보라. 그대들은 단지 피고인보다 조금 늦게 태어났을 뿐이다. 가장 늦게 연회에 도착한 손님이다. 그대들이 앉아야 할 곳은 저 어두컴컴한 말석이다. 하지만 이것으로 만족할 수 없다면, 좋다. 능력을 보여다오. 저 귀빈석을 독차지할만한 성과를 보여다오. 그렇지 않은이상, 그대들을 위한 자리는 없다.

-'반시대적 고찰'

인간의 영혼에는 이 세상의 유일한 존재로서 자기 자신을 실현시키고 싶다는 갈망이 숨어있다. 하지만 세상은 꿈이 실현되는 낙원이 아니다. 이 척박한 환경에서 우리가 스스로 해낼 수 있는 일들은 많지 않다. 그렇기 때문에 현실은 언제나 억압이며, 도망치고 싶은 유혹을 불러일으킨다. 목적 없이 벗어나고 싶은 마음에 도망친다면 얻어지는 것은 자유가 아니다. 지금보다 더 절망적인 또 다른 현실뿐이다.

우리는 타인에게 쾌감을 주거나, 혹은 고통을 줄 때만이 타인이 나를 인식할 수 있다고 생각한다. 그래서 우리의 힘을 인식해야 될 필요성이 있다고 생각되는 사람들에게 고통을 준다. 왜냐하면 누군가를 인식하는 데 쾌감보다 고통이 더 오래 지속되기 때문이다. 고통은 항상 원인을 묻는다. 인간은 자신이 누군가 겪고 있는 고통의 원인이 되기를 희망한다. 쾌감은 원인을 묻지 않는다. 따라서 인간은 자신이 누군가의 쾌감이 되었다는 사실에서 수치를 느낀다.

-'즐거운 지식'

  각자 나름대로 자기만의 특성과 아름다움을 건설하며 살아간다. 그것은 고유한 개인의 성질로서 비교될 수 있는 것이 아니다. 굳이 비교하고 싶다면 인생을 좀 더 느끼고, 좀 더 즐기고, 그래서 좀 더 행복해지는 것으로 충분하다. 인생의 목적은 남들과의 비교를 통해 우위에 서거나, 지극히 주관적인 우위의 심리로 사람들에게 상처를 입힘으로써 남보다 강해졌다는 자기기만으로 충족되는 것이 아니다. 새로운 세계를 경험하고 싶다는 도전정신에서 삶의 기쁨이 얻어지는 것이다.

보라! 그는 사람들로부터 도망치고 있다. 그런데 사람들은 그의 뒤를 쫓고 있다. 그가 그들의 앞에서 달리고 있었기 때문이다.

-'즐거운 지식'

　비웃음을 사게 될 만큼 쓰라린 실패를 경험해본 적이 한 번쯤은 있을 것이다. 아직 그런 경험이 없다면 머잖아, 혹은 먼 훗날에라도 그런 경험을 하게 될까 두려워 자신의 진심을 속이면서까지 망설이는 사람도 있을 것이다. 어떻게든 남들 눈에 잘 보이고 싶다는 조급함에 떠밀려 자신 있는 일, 좋아하는 일에만 매달리는 것은 비겁한 짓이다. 금방 결과가 나오지 않는 일, 새로운 일, 더 노력해야 하는 일을 찾아 나를 내던지는 용기야말로 누구와도 경쟁하지 않고 오직 나만의 경주를 즐길 수 있는 비법이 된다.

나는 명성을 바라지 않는다. 많은 재물도 바라지 않는다. 이 것들은 나의 비장에서 염증으로 작용될 뿐이다. 하지만 적당한 명성과 약간의 재물 없이는 잠자리가 불편해진다.

－'짜라투스트라는 이렇게 말했다'

어제의 성공이 별 것 아닌 허상처럼 여겨질 때 마음이 무거워진다. 자신이 한심스레 보이고, 지금보다 더 완벽해져야만 꿈꾸던 미래가 실현될 것 같다는 욕심에 무리하게 된다. 현재를 즐기고 누리는 능력을 상실해버리는 것이다. 기쁨을 만끽해도 충분한 시간에 자신을 계속 채찍질한다. 세상이 부러워하는 성공한 자들에 비해 나는 초라한 열등감 덩어리다. 수치스러운 게 당연하다. 그런 자신의 모습으로부터 해방되고 싶다면 과감한 실패자가 되어야 한다. 어차피 인간은 만족이라는 단어를 모른다.

오래 전 헤어졌던 친구와 다시 만나 그들에게 아무런 영향도 끼치지 못하는 추억을 끄집어내 소중한 보물로 간직해왔던 것처럼 자랑한다. 양쪽 모두 이런 대화가 불필요함을 알고 있지만, 감히 그 베일을 벗길 생각은 하지 못한다. 마치 죽은 자와 산 자의 만남처럼 영혼과 입술과 마음이 서로 다른 감정을 품고 있는 것이다.

-'인간적인, 너무나 인간적인'

누군가와 가까워지고 싶다는 소망은 자신의 가장 깊은 곳에 숨어있는 자아를 다른 이들과 나누려는 소망이다. 사람에겐 자신을 보호할 수 있는 심리적 거리가 필요하다. 이 거리는 타인의 침입과 간섭으로부터 자신의 세계를 지켜내려는 정체성이다. 자기 정체성을 제대로 확립하지 못한 사람은 타인과의 사귐에 겉보기에 그쳐버린다. 개인과 개인의 교감은 자기 정체성을 잃지 않고 상대와 지속적으로 감정을 공유하는 것인데, 자기 정체성이 부족한 사람은 타인에게 쉽게 매몰되거나, 타인에 대한 공포로 진심을 나누지 못하게 되는 경우가 다반사다.

비록 아주 조그마한 행복일지라도 날마다 찾아와서 기쁘게 해줄 수 있다면 불쾌와 갈망과 궁핍의 시기에 찾아오는 저 거만한 기쁨보다 훨씬 소중하다.

―'반시대적 고찰'

가까워지기 어려운 사람들은 어쩌면 상대방이 자신에게 먼저 손을 내밀어주기를 기다리는 것인지도 모른다. 그들 또한 나처럼 외롭고 힘들지만 차마 그 속내를 들킬 수 없어 용기를 내지 못하고 있는 것뿐인지도 모른다. 내가 먼저 용기를 내어 조금씩 관계의 물길을 터나간다면 설령 좌절하게 되더라도 더 이상 삶은 외롭지도, 공허하지도 않은 시간들로 쌓여나갈 것이다. 이것은 결코 어려운 일이 아니다. 특별한 기술을 배워야 되는 것도 아니다. 다만 내가 먼저 그에게 용기를 내어 손을 내밀어주기만 하면 된다.

고독한 자는 사랑을 필요로 한다. 침묵과 위장의 긴장이 풀리는 순간, 그는 친구를 원하게 된다.

-'반시대적 고찰'

    인간에게만 주어진 특별한 능력은 이해와 공감이다. 마음을 잃고 함께 기뻐하거나 아파할 수 있는 능력은 인간에게만 허락된 독특한 선물이다. 인생은 애착과 사랑을 통해 성숙해진다. 사람과 사람 사이의 애착은 뇌와 신경을 활성화시켜 다른 부분에서도 인간의 재능을 발달시키는 신비로운 힘이다. 사람과의 정서적 교감 없이는 인간답게 살아갈 수 없는 존재라는 뜻이다. 그의 고통을 충분히 살펴본 후 내 안으로 돌아와 나라면 어땠을까, 내가 그라면 무엇을 바랐을까, 고민하여 답을 찾는 것이 공감이다. 정신의 가장 성숙한 기능이 바로 공감인 것이다.

사람들은 마흔 살 이후로 자서전을 쓸 권리가 주어진다고 믿는다. 왜냐하면 가장 열등한 인생을 살아온 사람일지라도 그 나이가 되면 사상가에 버금가는 사건들을 체험했을 테고, 시인처럼 격랑을 이겨낸 경험이 있을 것이기 때문이다. 그러나 문제는 자서전을 통해 생존 중에 체험하고 탐구한 것뿐 아니라 자신이 믿었던 가치를 타인에게 강요하겠다는 전제가 숨어있다는 점이다.

-'반시대적 고찰'

모든 것에는 때가 있고 기한이 있다. 그래서 우리는 아까운 시간들이 그냥 흘러가는 건 아닌지 의심이 들며 초조해지곤 한다. 나는 지금보다 더 뛰어난 사람이 될 수 있는데 망설이고 있는 것은 아닌지 걱정스럽다. 우유부단한 하루가 속절없이 지워진다. 그러나 인생에 쓸모없는 시간 따위는 없다. 반복되는 가운데 익숙해져버린 일상에 더럭 겁이 나는 것은 당연하지만 언뜻 무의미해 보이는 일상들이 쌓여 나도 모르는 사이에 내 인생을 분석하고 발전시키고 앞으로 나아가게끔 만들어주는 발판이 된다는 사실을 무시해서는 안 된다.

용서는 대가가 없다. 그대를 용서함으로써 나를 괴롭혀온 악마들을 모두 물리칠 수 있었다.

-'짜라투스트라는 이렇게 말했다'

하루에도 몇 번씩 크고 작은 상처를 받지만 이를 무시하며 앞으로 나아가는 것이 태어난 자들의 숙명이다. 하지만 때로는 고통이 너무나 커서 신음하게 되고, 자존심이 난도질당한 것 같아 사람들 앞에 나타날 용기가 사라져버린다. 한 걸음도 나아가지 못하는 것이다. 상처에 붙들리는 순간 인생은 그 자리에 멈춰버린다. 반대로 용서하고 망각하고 회복하면 얽매인 감정의 사슬에서 풀려나 다시 앞으로 나아갈 수 있는 힘을 얻게 된다. 상처는 그 자리에 놔두고 떠나버리면 그만이다. 다시 그 자리로 돌아가지 않는다면 상처가 기억날 리 없다.

그들에게 가장 나쁜 소식은 곧 죽는다는 것이며, 그 다음으로 나쁜 소식은 언젠가는 모두가 죽는다는 것이다.

–'비극의 탄생'

죽음이란 흐르는 강물에 생명을 부어 강물을 살찌게 하고 영원히 흐르는 그 강물 속에서 영원토록 소생한다는 의미인 지도 모른다. 물결이 지나간 자리에는 작은 추억들이 젖은 모래 속에 숨어있다. 만남 뒤에는 언제나 추억이 숨어있다. 상처를 입히고 헤어졌을지라도 아름다웠던 일과 그리웠던 일들은 물가의 조개껍질처럼 추억 속에 아로새겨지는 법이다. 산다는 것은 만나고 결국에는 헤어진다는 것. 한없이 물가로 밀려왔다가 다시 저 멀리 사라지는 파도와 다를 게 없다.

그대는 공정한 눈을 손에 넣고 싶은가. 그렇다면 그대와 똑같이 생긴 수많은 눈동자를 인정하고, 이전에 그냥 지나친 모든 인생들을 헤아릴 수 있는 인간이 되도록 노력해야 한다.

－'즐거운 지식'

살아있다는 것은 언제나 과정이다. 과정이므로 삶의 길에서 있다는 것은 아직 완전한 존재가 되지 못했다는 뜻이다. 완전하지 못하므로 부족하고, 미숙하고, 불안정하다. 그러나 우리는 유한한 존재이며, 변화해가는 가능성이다. 완벽해지는 것은 불가능해도 잠재력이 행동으로, 가능성이 현실로 나아간다는 점에서 모두가 특별하고 위대하다. 살아있는 모든 이들에겐 이처럼 특별함이 있다. 나만 특별한 게 아니라 우리 모두가 특별한 것이다. 이것을 인정했을 때 내 안의 특별한 본성은 더욱 빛을 발하게 된다.

인내심은 타인의 인간성을 공감하는 데 필요한 것이 아니라 인간성의 공감을 견뎌내기 위해 필요하다.

-'이 사람을 보라'

인생은 각자에게 저마다 다른 과제를 부여한다. 그러므로 세상에는 태어날 때부터 쓸모없는 인간이라고 정해진 사람은 없다. 약하고 가난한 사람도 가치 있고 진정한 삶을 영위할 수 있다. 언젠가는 자기 자리를 찾게 될 것이며, 주어진 인생의 과제를 받아들이고 실현해내고자 노력하는 가운데 쓸모 있는 존재로 거듭나게 될 것이다. 우리에겐 고귀하고 신성한 재능과 섭리가 숨어있는 것이다. 다만 지금 당장의 시선으로 판단하려고 했기 때문에 절망하고 포기하게 되는 것뿐이다.

타인으로부터 존경을 받고 싶다면 아무것도 이해하지 못했다는 말을 반복하라. 그들은 당신의 무지에 특권을 부여해줄 것이다.

−'인간적인, 너무나 인간적인'

　사회는 날이 갈수록 개인주의적이며, 이기적으로 변모하고 있다. 그 속에서 살아가는 우리들은 타인을 향한 이해에 점점 더 각박해지고 있다. 일방적인 소통과 강압, 명령이 난무하는 세상에 익숙해진 사람들은 저마다 상대방에게 자기 입장을 강요하려고만 할 뿐, 다른 이의 감정과 상황을 고려해주려는 생각은 미처 하지 못한다. 타인에 대한 이해는 행복한 인생에 반드시 필요한 덕목이다. 서로 이해할 수 있어야만 다양성이 인정되어 더불어 살아가는 법을 배울 수 있기 때문이다. 나를 이해해주는 사람이 곁에 있다는 것만큼 행복한 일은 없다.

적들에게 무언가를 배우는 것은 그들을 사랑하기 위한 최선의 길이다. 왜냐하면 우리로 하여금 적에 대한 감사를 일깨워주기 때문이다.

–'인간적인, 너무나 인간적인'

나르시즘이란 세상에 나만이 옳고 다른 사람은 모두 틀렸다는 극단적인 자기몰두가 보여주는 폐단 중 하나다. 마음이 성장을 멈춰버리면 사람은 자기중심적인 행태를 보인다. 그래서 다른 사람들에게 심한 비난과 비판을 쏟아내기 일쑤다. 내 안의 파괴적이고 이기적인 욕망들, 과거의 상처에서 만들어진 성공에 대한 집착은 나를 잠시 내려놓으라는 나만의 신호다. 그리고 바라보고 배우는 것이다. 나와 다른 모습들, 생각들, 경험들에서 하나씩 배워나가는 것이다.

적개심으로 적개심을 이길 수는 없다. 적개심은 우정으로 끝
이 난다.

-'이 사람을 보라'

나를 버리지 않고 따뜻하게 감싸주는 사람이 있다는 것은
축복이다. 나와 더불어 나의 운명을 염려해줄 누군가가 필요
해서 우리는 사랑을 하고 결혼을 하는 건지도 모른다. 하지만
세상에는 나를 미워하는 사람도 많고, 내가 미워하는 사람도
많다. 그 수는 해가 더해질수록 줄어들기는커녕 늘어만 간다.
그럴수록 미워하는 사람들을 견뎌내고 존중할 수 있는 마음
의 힘과 여유가 필요하다. 현실의 한계를 인정하고 그들의 장
단점을 파악해 인정해주는 연습을 반복하다보면 영원한 적은
없다는 말을 실감하게 될 것이다.

인간 사회에서 갈증을 느끼지 않기 위해서는 갖가지 잔으로 물을 떠먹는 법을 배워야 한다. 인간 사회에서 자신의 순결을 지키려는 자는 더러운 물로 몸을 씻는 법도 익혀야 한다.

-'짜라투스트라는 이렇게 말했다'

삶에는 의미가 있어야 된다고 말한다. 만약 삶에서 의미를 찾는다면 그것은 우리들 자신이 각자의 삶에 부여하는 만큼만 허락될 것이다. 개인의 삶은 불완전할 수밖에 없으므로 사람들은 종교나 철학에서 해답을 찾으려고 하지만 고작 잠시의 위로에 그치게 될 뿐이다. 인생은 사랑을 통해서만 의미를 얻게 된다. 더 많이 사랑하고 더 많이 헌신할수록 삶은 그만큼 많은 의미를 지니게 된다. 재산과 권력을 갖고자 노력할수록 마음은 가난해지는 반면에 헌신과 관심, 사랑을 기울일수록 인생이 더 풍요로워진다는 것이 그 증거다.

인생, 그것은 기둥과 계단이다. 인생은 스스로를 높이 쌓아올리려 한다. 멀리 눈을 돌려 이 세상에 없는 아름다움을 발견하려고 애쓰는 것이다. 그렇기 때문에 인생은 높이에 집착한다. 높이에 집착하기 때문에 계단이 필요하며, 계단을 오르기 위해서는 모순이 필요하다. 더 높은 곳으로 올라갈수록 자신을 극복하게 된다는 모순에 납득당해야 한다.

-'짜라투스트라는 이렇게 말했다'

역사에 등장하는 위대한 권력자들, 부호들은 당대에 이미 사라져버렸다. 하지만 그리스도나 플라톤, 석가모니, 공자의 말씀과 가르침은 여전히 살아남아 지금도 우리 곁에 머물고 있다. 권력이나 재산, 지식이 행복을 가져다주지는 못한다. 오직 사랑만이 행복을 가져올 수 있다는 것은 우리에게 남은 마지막 희망이다. 사심 없이 자신을 버리고 사랑하는 마음으로 포기하고, 동정을 실천에 옮긴다면 인생은 저절로 위대해진다. 이것이 앞으로, 그리고 위로 전진하는 유일한 길이다.

나의 감정을 순결한 상태로 회복시키고, 모든 잡다한 사물들로부터 탈출시키고, 다시 한 번 나를 느껴야할 필요성이 제기되었을 때, 나는 스스로 존재하고자 철학을 선택할 것이다.

-'반시대적 고찰'

　세상과 이웃을 바라보며, 고통에 대항하는 감사를 배우고, 열린 마음으로 아침을 맞이하고, 아픔 속에서도 미소를 잃지 않기 위해서는 철학이 필요하다. 진정한 가르침은 시대를 가리지 않는다. 그 어느 미래에서도 낡은 것이 되지 않는다. 인간에게 생각하는 힘은 어느 때나 절실하기 때문이다. 인간에겐 온갖 왜곡과 오류에서 빠져나와 이성과 선으로 되돌아올 능력이 있다. 그런 능력이 발휘되려면 철학이라는 신뢰가 절대적으로 요구된다. 더 이상 혼돈에 절망하고 싶지 않다면 자기만의 인생철학으로 존재의 정당성을 입증해내야 하는 것이다.

양심을 따르기란 의지를 따르는 것보다 훨씬 매력적이다. 왜
냐하면 실패했을 경우 양심은 자기변호나 기분전환이 가능
하기 때문이다. 그래서 지적인 사람은 극소수인데 반해, 자신
이 양심적이라고 말하는 사람은 아주 많다.

 −'인간적인, 너무나 인간적인'

인간으로서 우리의 과제는 일회적이고 개인적인 삶을 뛰어
넘는 데 있다. 동물에서 인간으로 한 걸음 더 나아가는 데 있
다. 우리는 외부의 맹목적인 힘에 휘둘리는 장난감이 아니다.
의미 있는 삶을 추구하며, 내면의 소리에 귀를 기울이고 이
에 적극적으로 동참하는 것이 중요하다. 자기 자신에 대해 스
스로 판단하고, 스스로 변화되기 위해 노력해야 되는 것이다.
가능한 일이 일어나도록 하기 위해서는 불가능한 일을 수도
없이 반복해야만 한다. 이것이 곧 지혜이며 지식이다.

우리가 열매를 맺도록 돕지 않는 자는 우리와 아무 상관도 없는 사람들이다. 인간의 교제가 회전축으로 사용할 수 있는 것은 오직 잉태뿐이다.

－'짜라투스트라는 이렇게 말했다'

우리는 스스로를 책임져야 하고, 임무로 여겨지는 모든 것들을 진지하게 생각해야 한다. 외부환경이나 요인들, 즉 우리의 영향력 밖에 있는 타인이나 사회적인 시선들에 대해서는 진지하게 고민할 필요가 없다. 인생의 목표는 나를 밖으로 드러내는 데 있다. 나를 둘러싼 표면에 동화되는 것은 인생의 목표가 되지 못한다. 그렇지 않고서는 인생은 감당하기 어려운 문제가 되는 것이다. 인간은 고정된 존재가 아닌 하나의 시도다. 시도는 한 번으로 족하다. 나와 상관없는 시도들에 끌려다니는 시간들이 우리를 피곤하게 만드는 것이다.

복수란, 어리석은 짓에서 최대한 빨리 회복되는 것을 말한다. 비유컨대 레몬의 신맛을 혀에서 없애기 위해 꿀을 핥는 것과 비슷하다. 레몬에 대한 최고의 복수는 바로 꿀이기 때문이다.

－'이 사람을 보라'

새로운 일에 도전해봤자 성공확률은 극히 낮다. 인정해주는 시선도 드물고, 오히려 지금 하고 있는 일이나 똑바로 하라는 핀잔과 비난의 화살이 쏟아질 뿐이다. 그러나 불가능은 없다. 삶이 우리에게 주는 가장 큰 선물은 나이가 들수록 뇌의 기능이 점점 더 발달해나간다는 점이다. 나에 대한 비난이 더해지고 감당해야 할 시련이 늘어날수록 세상을 보다 포괄적이고 종합적으로 바라볼 수 있게 되는 것이다. 너는 안 돼, 너는 부족해, 너는 실패할 거야, 라는 편견과 질책이 인간을 성공으로 이끌어주는 원동력이다. 세상에 갚아줄 수 있는 최대의 복수다.

우리의 이성이 멈춰버리면 우리는 서로에게 관대해질 것이다. 상대방에게 함부로 말해도 부끄럽지 않고, 상대방이 하는 말에 상처받지 않게 될 것이다. 대담해서는 안 되는 때에도 하고 싶은 말을 하는 것이다. 이것이 유일한 규칙이 된다. 비록 대화가 길어질수록 한 번은 바보가 되고, 세 번은 멍청이가 되겠지만.

−'인간적인, 너무나 인간적인'

온 세상 사람들이 악마처럼 나를 위협한다고 해서 겁을 내거나 불쾌하게 여겨서는 안 된다. 하늘에 떠 있는 멋진 구름한 조각만으로도 이 세상을 살아가는 보람이 느껴지는 법이다. 사는 동안에 나를 기쁘고 즐겁게 만들어주는 것들을 누리고 축복해야 한다. 아름다움을 이해하는 사람은 어디서나 아름다움을 발견한다. 빗방울과 나비의 젖은 날개와 거미줄에서도 자연의 섭리가 발견된다. 하물며 사람에게서 그런 아름다움과 섭리가 발견되지 못할 리 없다.

많은 사람들을 흡족케 한 책에서는 언제나 악취가 난다. 대중이 먹고 마시고 숭배하는 곳에서도 악취가 난다. 깨끗한 공기가 그립다면 사람들이 없는 곳으로 가야 한다.

-'선악을 넘어서'

시대에서 벗어나 시대를 초월하고자 시도했던 이들은 막연한 몽상가가 아니었다. 자신들의 시대에 강력하게 뿌리 내리고 동시대를 살아가는 이들에게 붙잡혀 한 시대를 책임지려고 했다. 이것은 가장 인간적인 모범이라고 할 수 있다. 우리는 홀로 살아가지 못한다. 나의 삶은 무수한 인생들과 얽혀 있다. 이 가혹한 삶에서 나의 존재를 파괴하지 않고 유지하는 것은 나의 삶에 연결된 수많은 목숨들을 책임지고 이끌어나가는 불멸의 행위와 다름없다. 그래서 우리는 온갖 아픔과도 얼마든지 화해할 수 있는 것이다.

모든 사람을 동일한 호감으로 대하고, 모든 사람에게 동일한 친절을 나타내는 것은 인간애의 발로인 동시에 인간모멸의 시작이라고도 볼 수 있다.

—'인간적인, 너무나 인간적인'

간혹 어리석은 사람들이 있다. 그들은 자신이 얻을 수 있는 이익을 최대한으로 뽑아낸 뒤 가차 없이 관계를 끝내버린다. 언뜻 영악하고 똑똑해 보일 수도 있지만 사실은 그렇지가 않다. 사회는 놀랍도록 좁다. 내가 등에 칼을 꽂은 그 사람을 언제 어디서 마주치게 될지 아무도 모른다. 정도를 넘어서는 이기적인 짓은 반드시 후회를 남긴다. 존중받고 싶은 만큼 상대를 존중하고, 나의 말과 행동이 다른 사람에게 상처가 되지 않도록 서로의 영역을 존중하는 것은 매우 중요한 지혜다.

우리의 의무를 만인의 의무로 끌어내리지 말 것. 자신의 책임을 포기하려는 유혹에 넘어가지 말 것. 또 그것을 타인에게 나눠주려고 계획하지 말 것. 자신의 특권과 그 행사를 자신의 의무 안에 반드시 포함시킬 것.

-'선악을 넘어서'

　　인생은 바다와 같다. 그 망망대해에서 나를 지켜주고, 나를 용서해주고, 나를 사랑해주는 단 한 사람을 찾는다면 그것은 바로 자기 자신이다. 나를 고뇌하게 만들고, 그 고뇌에서 나를 지켜주는 가장 보편적인 존재가 바로 나 자신인 것이다. 나라는 존재는 밑을 알 수 없는 심연의 밑바닥에서 나를 받쳐주는 지렛대 같은 존재다. 세상을 쓸쓸한 해안가에 비유하고 싶다. 적막이 감도는 해변으로 단 한 번도 쉬지 않고 파도가 밀려왔다가 사라지듯 홀로일 수밖에 없는 우리에게는 단 하루도 쉬지 않고 오늘이 가고 내일이 온다. 우리 삶은 저 망망한 세월의 대해(大海)를 떠도는 작은 물결에 지나지 않는다.

사람들은 어리석게도 비밀을 털어놓는다. 그것이 신뢰를 나타내는 가장 확실한 방법이라고 여긴다. 나의 비밀을 알게 된 친구의 고통이라든가, 배신감에 대해서는 조금도 신경 쓰지 않는다. 그 결과로서 오래된 친구는 영원히 나의 곁을 떠나버린다.

-'인간적인 너무나 인간적인'

나의 행복이 진정한 행복이 아님을 깨달아야 한다. 모든 사람이 행복해지지 않는 한 나의 삶에 진정한 행복은 찾아오지 않는다. 인간은 더불어 살고 있다. 당신이 주위 사람들로 인하여 행복해하고 있다면 이보다 더 좋은 일은 없다. 당신도 모르는 사이에 당신의 행복한 마음이 주위 사람들에게 전해져 그들의 생활도 밝아질 것이다. 반대로 당신 때문에 당신 주위의 사람들이 불행해졌다면, 혹은 당신이라는 존재를 버겁고 불편하게 느끼고 있다면 애써 무시하고 싶어도 머잖아 그 마음들이 나의 생을 지배하게 되는 장면을 목격하게 될 것이다.

고독한 사람들은 우정을 필요로 한다. 침묵과 위장과 긴장이 풀리는 순간, 친구를 원하게 된다.

－'반시대적 고찰'

세상은 혼자 살아가지 못한다. 더불어서 함께 살아가는 곳이다. 하지만 그곳에 참여하기 위해서는 개인의 힘이 절대적이다. 내게 능력이 없고 힘이 없다면 세상은 나를 알아주지도, 원하지도 않는다. 아무것도 가지지 못한 상태에서, 그리고 아무것도 할 수 없는 신분으로 우리는 불가항력적인 세상에 모습을 드러내야만 한다. 나에 대한 신뢰, 나에 대한 자부심을 잃지 않는 것은 굉장히 중요하다. 그들이 원하는 '어떤 것'이 되기보다는 그들이 원할 수밖에 없는 '나'가 되려고 기다려야 한다. 기다림은 나에 대한 신뢰다. 내가 가진 힘은 내가 기대했던 것 이상으로 훨씬 강하다. 마찬가지로 내 옆에 있는 이들의 힘은 내가 기대했던 것 이상으로 훨씬 강하다.

비록 아주 조그마한 행복이더라도 날마다 찾아와서 나를 기쁘게 해줄 수만 있다면 얼마나 좋을까. 불쾌와 갈망과 가난의 시기에 찾아오는 저 거만한 기쁨보다 훨씬 더 소중하게 보듬어줬을 텐데.

−'반시대적 고찰'

우정을 쌓아가는 것은 나를 해방시키는 일인 동시에 나를 깨닫는 과정이다. 나를 알아갈수록 영혼은 자유로워진다. 인간으로 태어난 행복이 여기에 있다. 사람들과의 만남과 친분을 통해 몰랐던 나만의 가능성을 발견하게 된다. 이 또한 행복이다. 우정을 유지하려면 상대방의 마음을 읽어야 되고, 바라봐줘야 하고 우리를 생각해야 한다. 그러다 보면 인생이 풍요로워지고 지혜로워진다. 삶이란 죽는 그날까지 자신의 가능성을 포기하지 않고 주어진 재능과 주어진 나날을 갈고닦는 과정이기 때문이다.

술에 취한 자들은 술 속에도 진리가 숨어있다는 변명으로 수
치를 정당화시킨다. 만약 그들의 말마따나 술에 진리가 담겨
있다면 맨 정신일 때는 그것을 어떻게 끄집어내야 한다는 말
인가.

-'이 사람을 보라'

인간의 생애는 허망한 축복과 평화롭고 안정적인 생활을
방해하는 사건들로 양분될 수 있다. 많은 재물을 소유한 자
들, 사람 위에 군림하는 권력자들마저도 나이가 들면 그들이
누리는 권위와 명성을 잃게 된다. 젊은 시절 빈곤한 자를 짓
밟고, 같은 꿈을 향해 달려가던 옆자리의 동료를 절벽 밑으
로 떨어뜨리며 눈에 보이는 모든 지위와 재물을 손에 움켜쥐
려던 거대한 욕망의 기쁨은 영원토록 지속되지 않는다. 오히
려 그렇게 살아온 시간에 실망하게 된다. 현재의 위치까지 올
라오는 데 필요했던 분노와 시기와 잔인이, 실은 나를 기만한
하찮은 사건들에 불과했음을 고백하게 된다.

'나만의 길'을 간다는 것은 너무나 험난하고 까다로운 일이다. 그 길에서는 타인의 사랑과 감사를 받기가 어렵다. 그래서 걸핏하면 '나만의 길'과 나의 가장 고유한 양심으로부터 달아나는 것이다. 도주의 대가로 타인의 양심과 동정이라는 사랑스러운 신전을 선물 받게 되는 것이다.

-'즐거운 학문'

내 몸에 맞지 않는 화려한 무늬의 겉옷은 비싼 값을 주고 산 만큼 쉽게 내다버리지는 못하는 대신 서랍에 넣고 보관만 할 뿐이다. 비록 바늘자국과 꿰맨 흔적이 도드라지더라도 그 것이야말로 살아온 증거가 된다. 옷감의 매듭이 자꾸 풀린다는 것은 그만큼 자주 입고 뭔가를 실천했다는 증명이기 때문이다. 서랍 안에 곱게 개어놓은 비싼 코트가 눈보라를 막아주지는 못한다. 돈이 우리를 가난한 신분에서 구원해줄 수는 있어도 가난이라는 모순을 우리 삶에서 영원히 추방해내지는 못하는 것이다.

인간은 자기 이외의 인간을 사랑하는 법을 잊어버리기 시작했다. 그리고 머잖아 그런 이유로 자기 자신을 사랑하지 못하게 될 것이다.

-'아침놀'

누군가를 사랑하는 마음이야말로 생명의 불길이다. 그 불길이 자기밖에 태울 수 없는 화력이라고 해도 존귀하다. 재가되기보다는 불이 되는 편이 살아있는 자의 자세다. 참고 견디는 것과 희생은 엄연히 다른 의미다. 인내에는 의지가 있다. 그러므로 인내에는 삶의 의욕이 스며있다. 삶의 기쁨이란 오늘은 정말 날씨가 좋아, 오늘밤엔 바람이 불 것 같아, 같이 먹으니까 맛있어, 같은 시시콜콜한 이야기를 아무런 경계심 없이 말할 수 있고, 또 그런 이야기를 별다른 생각 없이 들어주는 사람들이 곁에 있다는 것이다.

대중 앞에서만이 아니라 아무도 없는 곳에서 혼잣말을 할 때도 타인의 명예를 지켜주려고 조심하는 것이 예의다. 그렇지 않다면 무례한 사람이다.

－'아침놀'

사람과 사람 사이의 거리라는 것은 얼마나 위대한 의미일까. 떨어져 있기에 우리는 상처받지 않는다. 놀라운 마법이다. 세상만사를 해결해주는 마법의 지팡이다. 그리고 우리들은, 아니 어쩌면 나는 그와 잠시 떨어져있음으로써 세월과 더불어 그에 대한 그리움을 느끼게 된다. 그가 좋은 사람이었다고 착각하게 되는 것이다. 이상한 일이지만 행복한 결말이기도 하다. 그들과 떨어져 있는 거리만큼 그들에 대한 사랑이 내 안에서 커져간다. 만날 수도 없고 목소리도 들리지 않는데 그를 증오하게 되었다는 경험은 아직 체험해보지 못했다.

인간은 나의 희망을 충족시켜주지 못하는 친구를 보면서 차라리 적이 되어주기를 소망하게 된다.

-'아침놀'

　사람을 구분하는 것은 때론 위험한 발상이다. 구분한다는 것은 무엇인가에 구애받고 있음을 나타내는 것이기 때문이다. 인간의 단점과 장점, 세상의 가치관 등은 한 시대를 좌우하는 요인이지만, 정작 시대를 초월하지는 못한다. 예전에는 금기였던 것이 현대에는 필수가 되고, 과거에는 통용되었던 생각이 현대에는 금기가 된다. 시대가 원하는 성격은 결국 시대별로 달라지는 것이다. 세상에 변하지 않는 것은 없다고 밀한다. 모든 것이 변화하므로 어제의 친구가 오늘의 적이 될 수도 있고, 오늘의 적이 내일의 동료가 될 수도 있다.

적을 말살하고 싶다면 기억하라. 경쟁자를 파멸시키고 싶다면 기억하라. 그를 말살하고 파멸하는 것은 어렵지 않다. 하지만 그로 인해 적은 영원히 당신 안에서 살아가게 될 것이고, 언젠가는 당신 자신이 되고야 말 것이다.

-'아침놀'

    투쟁은 우리를 살아 숨 쉬게 만드는 힘의 원천이다. 인생은 투쟁의 연속이다. 살기 위해 죽음과 싸우고, 죽음이 정해놓은 그때와 싸우고, 배고픔과 싸우고, 내일을 위해 불면의 밤과 싸워야 한다. 투쟁은 내면에서만 벌어지지 않는다. 외부적으로도 싸우고 있다. 가면을 쓰고 있는 경쟁자들과 싸우고, 향락을 즐기자고 꾀는 친구들과 싸우고, 증오와 질투로 길을 잃어버린 연인과 싸워야 한다. 투쟁이 소모적이고 불필요하게 생각될 때도 있지만 투쟁을 통해 우리는 앞으로 나아간다. 사자는 고양이와 다투지 않는다. 그들과의 갈등은 그들이 내 인생에 반드시 필요한 존재라는 증거다.

사람들을 책망하는 자, 사람들을 비난하는 자를 조심하라. 그들은 다른 사람을 향한 책망과 비난으로 자신의 악한 성격을 드러낸다. 추잡할 정도로 사람들을 용서하지 못하는 자는 그 비열한 성격 때문에 사람들로부터 증오를 받는다.

－'아침놀'

인간관계를 성립시키는 데 극단적으로 난처한 장벽이 있다. 타인에 대한 비난이다. 문제는 인간이 비난하기를 좋아한다는 점이다. 그리고 비난의 90퍼센트는 거짓이다. 거짓의 토대 위에서 사람들은 새로운 이야기를 만들어 비난한다. 비난의 밑바닥에는 누군가의 불행을 바라는 마음이 포함되어 있다. 상대방 가정의 불행, 상대방 마음에 잠재되어 있는 어둔 부분을 끄집어내는 것이 목표다. 소재가 무엇이든 비난이란 비난의 대상을 나쁜 곳에 빠뜨리고 싶은 변덕스런 기분의 표출이다.

악이란 무엇인가. 이웃을 모욕하는 것이다. 인간적이라는 뜻은 어떤 의미인가. 누구에게도 창피를 안겨주지 않는 것이다. 그렇다면 자유란 무엇을 말하는가. 자신이 저지른 어떤 행위에도 부끄러움을 느끼지 않는 것이다.

-'즐거운 학문'

미룬다는 것, 혹은 지워버린다는 자유가 우리에겐 필요하다. 사소한 게으름이 행복의 이유가 된다. 갈피를 못 잡고 방황하는 시간들, 모르는 것들로 인한 부끄러움과 강제된 판단을 때로는 허용하지 않고 넘어갈 수 있음이 얼마나 고마운 일인지 모른다. 그래서 나는 내가 하는 말을 이해하지 못하고 악의적으로 덤벼드는 사람과의 만남을 멀리할 수 있다. 같은 모국어를 사용해도 말이 통하지 않는 사람들이 있기 마련이다. 그 같은 불통을 나는 괴로워하지 않는다. 내가 그의 옆에서 한 발자국 떨어져 있으면 해결되는 문제라고 생각해서다.

친구에게 성실하라. 적에 대해서는 용기를 가져라. 패자에게는
관용을 베풀어라. 그리고 이들 앞에서 언제나 예의를 지켜라.

-'아침놀'

인생을 살다보면 알고 싶어도 알 수 없는 문제들과 부딪친
다. 한마디로 답이 없다. 나이가 들어가던 어느 한 시기에 이
르러 한 가지 결론에 도달했다. 굳이 답을 찾아낼 필요가 없
다는 것이다. 모르겠으면 모르는 대로 넘어가야 한다는 것이
다. 그 생각이 나를 구원했다. 처음부터 그렇게 생각한 것은
아니고 삶의 연륜이 쌓여갈수록 그런 생각을 받아들일 수 있
는 넓음을 갖게 되었다. 이는 사람과의 관계에서도 똑같이 적
용된다. 정답은 모두가 알고 있다. 그 답을 실천할 수 있는 의
지와 용기, 인내가 필요할 뿐이다.

인간은 원래 진실하다. 그럴 수밖에 없는 이유가 있다. 인간이 진실해진 이유는 자기감정을 속이는 데 혐오감을 느껴서가 아니다. 자기가 보여주는 위선을 사람들이 믿어줄지 의심이 들어서다. 배우로서 자기 재능을 신뢰하지 못하기에 진실한 척하는 데 불과하다.

—'아침놀'

세상이 복잡해지고 있다지만 실체를 들여다보면 오히려 이분법적 세계관으로 좁혀지고 있다는 불안이 맴돈다. 여당과 야당, 진보와 보수, 성장과 분배 중 어느 한쪽을 택해야만 갈채를 받는다. 그래서인지 요즘은 인간의 복잡성을 인정하는 주저와 의심이 극도로 줄어들었다. 음영(陰影)이 사라진 사회 같다. 사회를 바라보는 우리의 시각이 갓난아기처럼 왜곡되어 있다. 사회적 현상에 대처하는 방법은 둘 중 하나가 될 수 없다. 그런 권리를 포기한다면 내키지 않아도 꼭두각시를 연기해야 한다.

나의 모든 것을 받아줄 사람은 나뿐이다. 나는 나. 나로부터 시작되어 나에게서 끝이 난다. 자기를 탓하거나 후회할 필요가 없다.

－'그리스의 음악 드라마'

회귀(回歸)란 연어만의 본능이 아니다. 지금의 나를 만들어준 초심으로 매번 돌아가야 한다. 세상이 맛보여주는 풍요로움에 너무 오래 젖어있었다. 이제라도 담대해져야 한다. 시도를 두려워하는 자에겐 결과도 없다. 모든 결과엔 과정이 필요하다. 과정이 고통스러울수록 결과는 달콤하다. 나무는 아픔으로 성장한다. 겨울의 매서운 북풍이 봄을 향한 나무의 갈망을 대담하게 만든다. 사람은 가장 많이 아파할 때 참된 기쁨의의미를 누리며, 내 생에서 오늘이 가장 빈곤한 하루라는 생각이 들었을 때 가장 큰 것을 갖게 되고, 더 이상은 억압을 견디지 못하겠다고 실토했을 때 자유가 무엇인지를 알게 된다.

내 안의 시선으로 나를 바라볼 때보다 다른 사람의 눈동자에 비치는 나를 의식할 때가 더 많았다. 그것이 옳지 못함을 알면서도 내면에 숨죽이고 기다리는 나를 찾기보다는 그들의 시선에서 자유롭지 못한 나를 포장하기 위해 더 많은 정성과 더 많은 시간을 허비해왔다.

-'나의 여동생과 나'

인간의 삶은 끝없는 변화다. 우리가 살고 있는 문명사회에서 일차원적인 바탕은 변화에 대한 수용이다. 우리는 주위의 모든 환경을 변화시켰다. 그럼에도 불구하고 정작 자기 자신을 변화시키는 데는 실패했다. 온갖 사회적 금기와 정치적 금기, 사람과 사람 사이의 금기들로 자신을 옭아맨다. 금기는 조선시대에만 존재했던 게 아니다. 모두가 옳다고 확신했던 나의 미덕보다 때로는 모두가 비판하는 나의 악덕이 더 좋은 영향을 미칠 때도 있는 것이다.

남의 말이라면 무조건 믿어버리는 인간은 단순해진다.

-'유고'

내 안에는 악이 숨어있다. 이 악은 사람들이 하는 말에 귀를 기울이라고 소곤거린다. 이것이 너에게 허락된 유일한 진실이라고 나를 세뇌시킨다. 내게 속살거리는 달콤한 이간질에 넘어가 쉽게 화를 내고, 슬퍼하고, 우울했다가도 다시 기분이 좋아지곤 한다. 반면에 인생의 고통스런 장면들을 목격한 나의 진짜 목소리에는 귀를 기울여주지 않는다. 선과 악은 장소와 시간을 불문하고 언제나 공존한다. 이것은 생명이 내린 결정이다. 그 결정을 나는 번복할 수가 없다. 다만 최선을 다해 내 안의 목소리에 집중하려고 애쓸 뿐이다.

우리가 천성적으로 타고난 감정 중에서 자부심만큼 억제하기 힘든 것은 없다. 나는 교만하지 않다는 그 말조차 다른 사람의 귀엔 나는 겸손하지 않다, 라고 들린다. 그렇기 때문에 적의 불행을 안타까워하는 인간의 마음은 동정보다는 오만에 가깝다. 인간이 타인을 동정하는 까닭은 그들에게서 자신의 우월함을 확인 받고 싶기 때문이다.

-'강연록'

좋아하는 일 대신 무엇인가를 소유하는 데 유리한 일을 선택했을 때 상처받고 투정을 부리는 인간이 된다. 그들은 자신의 타고난 가치로 타인의 존경심을 불러일으킬 능력을 상실한 자들이다. 그래서 사람들과의 접촉을 본능적으로 두려워한다. 이런 두려움을 감추기 위해 거만한 태도로 사람들을 업신여기며, 자신에 대한 타인의 비판을 미리 막으려고 노력한다. 그들이 곧 이 시대의 권력자이며, 기업가, 종교인, 교사를 맡고 있다. 젊은이들은 그들의 손발이 되어 인생을 무너뜨리고 있다.

모두들 내 뒤에서 수군거리는 게 신경 쓰이기는 하지만, 나는 나처럼 살련다. 멋대로 지껄이라고 해라. 물은 흐르고 싶은 곳으로 흐른다. 나는 대지 위에 우뚝 솟은 성(城)이다. 이 자리에 굳건히 서 있는 것이 가장 나다운 모습이다.

-'일기'

사람은 자신의 위치를 깨달아야 한다. 우리는 선량한 삶을 살기 위해 태어났다. 보다 선량해지는 것이 인간의 목표다. 그 같은 경지에 도달했을 때 육신을 붙잡고 늘어지는 온갖 종류의 욕망과 불만에서 벗어나게 될 것이다. 어떤 사람은 법을 통해 인간은 악으로부터 벗어난다고 말한다. 하지만 이 말은 틀린 것이다. 우리가 추구해야 할 삶은 강제성에 영향을 받아서는 안 된다. 내 안에서 우러나오는 진심만이 나를 인도할 수 있다. 법과 원칙에 따른 행동은 범죄를 저지르고 싶은 마음을 되돌리는 데 불과하다. 설령 그것이 불가능할지라도 우리는 죄를 범하고 싶은 마음조차 가져서는 안 된다. 그러기 위해서는 스스로 각성하는 수밖에 없다.

단 한 명의 친구도 없다는 말은 거짓말이다. 인생에는 가장 충실한 친구인 자기 자신이 있기 때문이다. 친구를 찾아 헤매는 사람은 자기 자신이라는 충실한 친구를 얻지 못한다.

-'방랑자와 그의 그림자'

인간 정신이 도달할 수 있는 정점은 판단이다. 판단을 타인에게 의존하지 않고, 타인의 의사를 수용하지 않는 것, 그 말은 나를 믿어준다는 뜻이며, 나에 대한 굳건한 신뢰야말로 인간 정신의 정점이다. 자기 스스로 결정한다는 것만큼 개체로서 완성도와 독립성을 보여주는 증거는 없다. 판단은 스스로 사색하지 않고서는 불가능하다. 이 불합리한 현실을 비판하고 보완하고, 새롭게 정립하는 모든 과정을 홀로 이루어낸다. 이처럼 스스로 판단하고, 그 판단을 자신할 수 있게 된다면 그는 제국을 다스리는 옛 시대의 황제처럼 자기만의 정신적 세계에서 인생을 지배하는 왕위를 차지하게 될 것이다.

Part 5

사람들은 질병에 논리적으로 접근하지 않는다. 단지 자신을 괴롭히는 심리적 압박, 불신감, 불쾌감, 구역질, 그리고 자기 안에 어떤 커다란 위협이 도사리고 있다는 막연한 불안감에 저항하는 것뿐이다.

-'바그너의 경우'

인간은 오십이 되면 늙고, 육십이 되면 지치고, 칠십이 되면 죽음을 준비한다고 하는데 이런 말을 잊어버리고 싶다. 100살까지 살게 될지도 모른다. 120살까지 살아있을지도 모른다. 그렇게 생각하며 하루를 지낸다. 만에 하나 내일 죽더라도 후회하지는 않을 것이다. 100살까지 살려고 애썼는데 쉽지 않구나, 라고 생각하면서 죽는 것도 재미있을 테니까. 세상은 현재의 순간으로 정해지지 않는다. 모든 사물은 시시각각으로 움직인다. 그것이 자연의 이치다. 거기에는 어떤 위험도 없다.

참으로 슬픈 일이 아닌가! 인간은 이제 그 어떤 별도 낳을 수 없게 되었다. 인간은 더 이상 자신을 경멸할 수 없는 시대를 살아가게 되었다. 보라! 그대들 눈앞에 서 있는 그대들이 마지막 인간이다.

—'짜라투스트라는 이렇게 말했다'

모든 것이 멸망의 길을 걸어가는 운명 속에서 오직 하나, 멸망하지 않는 것이 있다. 참된 진리다. 석가모니는 스물아홉에 집을 떠나 전국을 행각하며 사람들을 고통에서 구제하기 위해 올바른 가르침을 설파하고, 팔십에 병으로 쓰러져 입멸했다. 그의 죽음 앞에서는 기적도 일어나지 않았다. 보통 사람과 똑같은 죽음을 맞이했다. 석가모니는 우리와 똑같은 인간이었고, 인간답게 운명에 순종했다. 우리도 두려워할 필요가 없는 것이다. 대신 만반의 준비를 갖추고 그날을 맞이하려고 최선을 다해 살아갈 뿐이다.

인간의 눈은 탐욕이 필요할 때만 떠지는 도구로 전락했다. 인간은 문명을 발전시킨 야성적인 실험으로부터 목가적인 안락함으로 도피해버렸다. 예술가의 끊임없는 충동은 미덕에서 삶을 괴롭히는 악덕으로 변질되었다. 인류는 점점 더 소심해지고, 조용해지고, 어리석어질 것이다. 그의 가느다란 손가락이 여전히 삶의 감춰진 구석들을 가리키고 있지만, 인간은 더 이상 손가락이 가리키는 곳에 시선을 두려하지 않는다. 이 거대한 생존의 늪에서 얌전한 꽃으로 피어나기만을 고대하고 있다.

−'반시대적 고찰'

남들처럼 평범하게 가정을 지키면서 평범한 삶을 보내고 싶다면 인생의 갈림길에 도착했을 때 가장 안전해 보이는 길을 택해야 한다. 만약 남보다 세상을 더 많이 보고, 사람의 발길이 닿지 않은 곳에서 당신만의 보물을 찾고 싶다면 위험해 보이는 길, 위태로운 길, 무서운 길을 택해야 한다. 그처럼 두렵게만 보이는 길을 찾아서 발걸음을 옮겼을 때 인간의 마음은 자신의 내부에서 재능이라는 것을 찾아낸다.

언젠가 인간이 날아다니는 법을 배우게 된다면 모든 경계가 새롭게 정해질 것이다. 경계는 더 이상 지상의 소유가 되지 못할 것이다. 대지는 '가벼운 어떤 것'이라는 새로운 정의를 받아들이게 된다. 타조는 빨리 달리지만, 가끔은 머리가 땅에 처박혀야 한다. 아직은 날지 못하는 인간도 마찬가지다.

-'짜라투스트라는 이렇게 말했다'

세상에 태어났다는 것은 여행이 시작되었다는 뜻이다. 이 여행길에서는 싫어도 앞으로 나아가야만 한다. 그것이 인생이라는 여행의 숙명이다. 한 번 거쳐 간 숙소로는 되돌아올 수가 없다. 내가 떠나는 순간 길이 막혀버린다. 혼자서는 힘겹고, 동행자를 지나치게 의지했다간 배신당할 수도 있다. 어차피 이 세상은 혼자만의 여행이다. 그렇게 생각하고 포기하면 기대하지 않았던 인정과 풍경이 마음속에 스며들어 여행은 더욱 풍요로워진다. 남들이 보지 못하고 발견하지 못한 나만의 이상과 신념들로 세상이 가득 채워지는 특권을 누리게 된다.

그대는 입만이 아니라 머리로도 먹을 줄 알아야 한다.

입 때문에 몸을 망치고 싶지 않다면.

-'인간적인, 너무나 인간적인'

잘못된 독서는 나쁜 친구와 어울리는 것보다 더 나쁘다. 인간의 머리는 실제생활에서 경험한 것보다 상상 속에서 대면한 장면들에 더 큰 매력을 느낀다. 인간의 지성에는 한계가 있다. 지성의 한계는 공상의 산물을 현실과 착각한다는 점이다. 인간은 외부환경에 대해서는 어느 정도 판단이 가능하지만, 내부에서 들끓는 가설에 대해서는 그 주체가 자기 자신이라는 이유로 무조건 미화시킨다. 한 권의 책이 때로는 한 인간의 삶을 불행하게 만들 수도 있다는 얘기이며, 한 권의 책으로 말미암아 불행해진 한 사람 때문에 이 사회가 불행해질 수도 있다는 뜻이다.

공격은 인간의 본능이다. 누군가의 적이 될 수 있다는 것, 혹은 누군가를 적으로 간주할 수 있다는 것은 인간의 본능에 내재된 잠재력이다. 이 잠재력이 드러나기 위해서는 언제나 반항이 필요하다. 따라서 반항이란 요구의 진짜 이름이다.

-'이 사람을 보라'

혼자 태어나 혼자 죽어가는 인간은 자기 자신을 의지하며 단련시키는 것만이 삶을 지탱하는 유일한 방법이다. 내가 속해 있는 세계에서 어느 날 갑자기 모습을 감추고 낯선 세계에 떨어져 새롭게 인생을 펼쳐보고 싶다고 꿈꿔보지 않은 사람이 있을까. 나약하기에 도피를 꿈꾼다고 비난해서는 안 된다. 때로는 마음이 너무나 강해서 굴레를 견뎌내지 못하는 사람도 많다. 스스로를 괴롭히는 선택이 될지라도 가야만 되는 길도 있는 것이다. 그 길 앞에서 머뭇거린다면 육신을 위해 인생을 포기하는 짓이 되고 만다.

질병은 자신의 사명에 대한 권리를 의심하게 되었을 때, 이 길에서 잠시 벗어나 좀 더 편안한 휴식을 갈망하게 되었을 때 주어지는 답이다.

-'인간적인, 너무나 인간적인'

마음의 상처가 사람을 허무하게 만들 때도 있고, 태아시절 어머니의 태내에 뜨거운 무언가를 빠뜨리고 태어나 마음의 공동(空洞)을 평생토록 짐처럼 안고 사는 사람도 있다. 심장에 구멍이 뚫린 갓난아기라면 의사의 손길이 도움을 주겠지만 마음에 구멍이 뚫린 갓난아기라면 아무도 그의 상처를 깨닫지 못한다. 나의 하찮음에 절망하며 바닥에 널브러지는 그 순간 재생의 힘이 솟아오른다. 그 힘으로 말미암아 인간은 고독한 중생이며, 죽는 날까지 번뇌의 자식이라는 신분에서 벗어날 수 없다는 진리를 마음속 깊은 곳에서 깨닫게 된다.

올바른 정신을 갖춘 자만이 '소유'할 수 있어야 한다. 그렇지 않고서는 부유함이 사회를 위협하게 된다. 소유가 제공한 시간을 사용할 줄 모르는 인간은 이 남아도는 시간을 구입하고자 끊임없이 소유를 확장시키려 한다. 이 욕구가 그에겐 위로가 되고, 지겹도록 반복되는 권태를 이겨낼 유일한 전략이 되는 까닭이다.

-'인간적인, 너무나 인간적인'

인생의 목표는 레스토랑에서 맛있는 음식을 주문하는 것과 비슷하다. 입으로 말하지 않으면 나조차도 내가 원하는 게 무엇인지를 모른다. 확실하게 나는 무엇을 하겠다, 나는 무엇이 되겠다, 라고 주문해야 한다. 어떤 인생을 살아나가고 싶은지를 하나하나 미리 정해두고 주문해야 한다. 그 값은 돈이 아닌 행동으로 지불하게 될 것이다. 내가 해야 할 일들을 목록으로 구체화시키고 하나씩 실천해나감으로써 주문한 인생이 내 앞에 펼쳐지는 놀라운 체험을 만끽하게 된다.

비판은 우리의 변덕에 의지하지 않는다. 또한 우리의 개인적인 삶을 초월하지도 않는다. 비판은 우리의 생활 속에서 수명을 연장해나간다. 그리고 우리 안에 세계의 질서를 바꿀 수 있는 힘이 존재한다는 사실을 증명한다.

-'즐거운 지식'

인간이 살아가기 위해서는 돈이 필요하다. 건강도 필요하다. 지위도 탐나고, 값비싼 물건도 욕심이 난다. 하지만 그 모든 것을 손에 넣더라도 사랑하고, 사랑받지 못한다면 인생에는 아무것도 남지 않는다. 내가 사랑하는 사람이 있고, 나를 사랑해주는 사람이 있다는 자각은 인생에서 가장 소중하고도 기쁜 일이다. 이런 마음이 없다면 살아있어도 죽은 것과 매한가지다. 비난과 비판의 구분은 사랑의 유무다. 잘못된 길에 서 있는 나를 제자리로 돌려보내주는 비판의 목소리는 나를 향한 가장 큰 사랑의 베풂인 것이다.

이곳은 식인종의 나라다. 홀로 있을 때는 자기가 제 살을 먹어치우게 되고, 대중과 함께 있을 때는 대중이 나를 먹어치울 것이다. 그러니 어느 쪽이 될 것인지 망설일 여유가 없다.

-'인간적인, 너무나 인간적인'

'또 하나의 자기'를 깨닫기란 참으로 어려운 일이다. 가족과 함께 살고 있어도, 많은 친구들에게 둘러싸여 있어도 '또 하나의 자기'를 발견하지 못했다면 고독은 운명처럼 따라붙는다. 또 하나의 자기를 발견하게 된다면, 인생이 비록 순례는 아닐지언정 나의 삶에 한 명의 동행자가 더 생기는 셈이다. 혼자 있어도 고독하지 않고, 내가 사람들 속에서 파묻혀 지워져갈 때 나를 찾아주는 등불이 되어준다. 자신을 등불로 삼기 위해서는 '또 다른 나'에게 성냥을 그어 불을 붙이려는 시도가 필요하다.

지나간 시간을 오늘의 삶을 위해 부활시키고, 일어난 사건을 기초로 역사를 만드는 힘에 의해 비로소 인간은 인간이 된다.

-'반시대적 고찰'

'시간'은 그 사람과 함께 살아간다. 육친보다도, 부부보다도, 공기나 태양보다도 더 오랫동안 나와 함께 지낸다. 사람은 자신의 시간과 영원히 행동을 같이 한다. 하지만 살면서 시간을 되돌아보는 것은 행복한 추억이 그리워졌을 때와 고독으로 몸서리가 쳐질 때밖에 없는 것 같다. 불빛이 새어나오는 창문, 작게 들리는 부엌 물소리와 접시소리…. 그런 소리들이 한데 모여 내 마음속 어딘가에 숨어있는 향수를 자극한다. 그 향수에 기대어 오늘을 살아갈 새 힘을 얻는다.

벌거벗은 철학의 몸뚱이에 유행하는 천박한 옷가지들을 걸쳐놓고 만족해하는 자들이 바로 현대인이다. 그렇다, 분명 사람들은 철학적으로 생각하고, 쓰고, 인쇄하고, 말하고, 가르친다. 그래서 나는 자문한다. 우리가 생각하는 기계, 쓰는 기계, 인쇄하는 기계, 말하는 기계, 가르치는 기계에 불과한 것은 아닐까?

-'반시대적 고찰'

햇볕이 잘 드는 양지와 지하수가 풍족한 땅에서만 식물이 잘 자라는 것은 아니다. 아무리 좋은 환경이라도 '나'라는 모종과 어울리지 않는다면 오히려 나를 해치는 결과가 초래된다. 세상과 타협하자는 얘기가 아니다. 세상이라는 곳을 이해하고 '나'라는 모종이 무럭무럭 자라기에 적합한 환경을 찾아보자는 것이다. 내가 터전으로 삼고 행복한 인생을 가꿔 평안과 안식이라는 수확을 추수하기에 적합한 곳을 제대로 찾아내지 못한다면 열심히 수고하고 마음을 다잡아도 세상의 잘못된 관념들에 끌려가서는 마지막에 이 처절한 세상과 꼭 닮은 표정을 짓게 된다.

물리학은 세계에 대한 분석적 정리일 뿐, 세계에 대한 설명은 아니다.

-'선악을 넘어서'

나는 아무런 의미 없이 이 세상에 존재하는 것이 아니다. 어린아이든 어른이든 각자 맡은 역할이 있고 살아가야 하는 이유가 있다. 어떤 상황에서도 나를 포기해서는 안 되는 것이다. 이곳에 내가 있어서 누군가를 도와줄 수 있고, 위로할 수 있고, 힘을 북돋아줄 수 있고, 행복하게 만들어줄 수 있기 때문이다. 지금 나를 둘러싼 세계가 낯설고 위험하게 느껴진다면 굳이 자신을 속이려고 할 필요가 없다. 진지하게 현재의 나를 세계와 부딪혀서 극복해내야 한다. 산 하나를 넘으면 저 너머에 또 다른 산이 보인다. 그것이 인생이다 무화과가 나무에서 떨어진다. 그것은 감미로운 맛을 뽐내고 있다. 무화과가 땅에 떨어질 때 그 빨간 껍질도 함께 터진다. 나는 무르익은 무화과를 떨어뜨리는 북풍이다.

-'짜라투스트라는 이렇게 말했다'

　　인간은 자신의 약함을 알기에 여러 가지 습관 중에서 수많은 법과 형벌을 만들어냈다. 그러나 시대를 막론하고 인간이 만든 법에서 빠져나와 그에 대한 형벌을 온몸으로 받아내는 사람도 있다. 험난하다는 것을 알면서도 반역의 길을 걸어가는 사람이 있다. 그들이 흘린 피로 역사가 기록되어왔다. 제도의 필요성과 더불어 제도의 나약함과 거짓도 꿰뚫어봐야 한다. 그것이 제도권 밖을 맴돌고 있는 내 삶의 진정한 의미를 확인하는 길이다. 절망하기 전에 희망을 버려서는 안 된다. 그것은 교만이다.

생존이란 무엇인가. 생존이란 모든 죽어가는 것들로부터 항상 자기 자신을 멀리 떼어놓고 싶은 마음을 뜻한다. 생존은 늙을 수밖에 없는 삶에 그 어떤 은혜도 베풀어주지 않는다.

―'즐거운 지식'

사는 것이 '허무하다'면서 우울증에 시달리는 사람들이 늘어나고 있다. 사는 게 미치도록 우울하다면서 다들 눈물을 흘린다. 생활의 헛됨에 몸부림이 쳐지는 사람이라면 그 같은 헛됨의 밑바닥에 무엇이 숨어있는지 반드시 확인해야 한다. 감정의 밑바닥에서 무엇인가를 길어 올려야만 한다. 인간에겐 자위본능이라는 것이 있다. 물에 떠내려가다가도 바닥에 발이 닿으면 순간적으로 바닥을 차고 물 위로 떠오르려고 한다. 영원히 눈을 감게 되는 날이 올 때까지 그 본능을 지켜내야한다. 그것만으로도 인생은 값어치가 충분하다.

자신의 나약함을 긍정하는 것은 정의를 추종하는 것보다 고
귀하다.

-'짜라투스트라는 이렇게 말했다'

　　연꽃은 물 위에 피어난 한줄기 잎사귀에 불과하지만 그 아
름다움은 누구도 부인하지 못한다. 왜 그럴까? 진흙에서 태어
났기 때문이다. 길이 험하면 험할수록 정상에 도착했을 때의
기쁨은 배가 된다. 만약 인생에서 역경이 사라진다면 우리는
행복해질까? 그보다 삭막한 인생은 없을 것이라고 믿는다. 사
람들이 결승점을 통과하지 못하고 좌절하는 까닭은 그가 지
나온 길이 험해서가 아니다. 다른 사람들의 결승점을 기웃거
렸기 때문이다. 인생에서 얻고자 하는 것을 쟁취하기 위해서
는 나의 능력과 열정만으로 충분하다는 믿음이 필요하다.

그대들은 신념이 전쟁을 정당화시킨다, 라고 말한다. 하지만 나는 그대들에게 전쟁이 신념을 정당화시켰음을 알려주고 싶다.

-'짜라투스트라는 이렇게 말했다'

어떤 자들은 도시의 화려한 야경을 가리키며, "이것이야말로 우리 시대가 만든 진리입니다"라고 당당하게 말한다. 그러나 삭막한 도시의 한 귀퉁이에 의지할 처소를 마련한 우리 눈에는 이 아름다운 야경이야말로 투쟁과 거짓과 속임수의 상징일 뿐이다. 거리의 전등이 꺼지고 새벽이 찾아오면 도시는 베일을 벗고 그 본질을 드러낸다. 도시의 본질은 고된 삶을 외면하는 것이며, 정직하고 올바르게 살아가려는 사람들을 의식적으로 조롱하고 경멸하는 것이다. 인간의 손으로 쌓아 올린 도시가 인간을 거부하고 있다. 그 모습이 화려하게 포장되어 있는 것은 눈속임에 불과하다. 우리는 이 도시를 진리로 착각할 수가 없다. 이 도시가 우리에게 강요하는 것들을 따라 갈 수가 없다.

그들은 심각한 안질을 앓고 있다. 그래서 모든 사물을 부정확하게 묘사한다. 그들은 아침마다 자신들의 썩은 담즙을 한 움큼 뱉어놓고는 신문이라고 부른다.

－'짜라투스트라는 이렇게 말했다'

언론은 막강한 힘을 가진 권력자다. 미디어의 지배를 받고 있는 오늘날에 이르러 언론이 말하는 진실이 곧 바이블이다. 언론을 이루는 구조는 사회의 권력구조와 다를 게 없다. 그런 언론을 개인이 이겨낸다는 것은 말이 안 된다. 게으른 개인은 언론을 수용하며 고개를 끄덕거릴 뿐, 자극을 표출하려고는 하지 않는다. 그래서 육신을 잃고 껍데기만 남은 채 말해진 것들에만 갇혀 지내는 신세가 되었다. 진실만을 이야기한다는 것은 쉬운 일이 아니다. 진지하게 노력해도 인간의 입술에서 진실만이 흘러나온다는 것은 불가능에 가깝다.

외부로부터의 분리와 반대는 필요악이다. 증오와 질투, 불신과 냉혹, 탐욕과 난폭이라는 개념이 없었다면 인류는 도덕을 깨닫지 못했을 것이다. 마찬가지로 저 여리고 어린 새싹은 퍼붓는 빗속에서 더욱 강인하게 성장한다. 연약한 인간을 말살해버리는 외부의 고통도 살아남은 인간에겐 영양제에 불과하다. 살아남은 자들은 고통을 아픔이라 부르는 법이 없다.

－'즐거운 지식'

　겨울 뒤에 봄이 오듯 우리들을 슬프게 하는 미움이 영원하지는 않다. 잊지 못할 것 같았던 미움 받은 기억도 어느 날 문득 깨닫고 보면 바래져있다. 사무치는 증오에도 사흘을 굶지는 못한다. 울면서 밥을 먹고 울면서 목욕한다. 이것도 다 하늘의 은총이다. 밥을 먹어야 하고, 씻어야 하고, 웃어야 하기에 우리는 나를 미워하는 자들의 영혼을 잊을 수 있는 것이다. 세상만사가 너무도 선명하게 잘 보여서 한 치의 틈도 허락하지 못한다면 살아가는 희망도 없을 것이다.

나는 민중의 죽음에 대해 말하고자 한다. 나의 형제들이여! 이곳엔 민중이 없다. 다만 국가가 있을 뿐이다. 국가란 식어버린 민중의 시체, 그 시체를 먹고사는 냉혹한 괴물이다. 그들은 우리를 기만하고, 지배하며, 잔인하게 물어뜯는다. 그들은 이렇게 외친다. "국가는 곧 민중이다!" 보라! 저 괴물은 우리를 향해 울부짖고 있다. "이 세상에 나보다 더 위대한 존재는 없다. 나는 신의 다스리는 손가락이다." 그대들은 국가와의 싸움에 지쳤다. 국가는 그대들이 만든 또 하나의 그대였기 때문이다. 이 피로가 그대들에게 새로운 우상을 섬기라고 부추긴다.

－'짜라투스투라는 이렇게 말했다'

국가가 자행하는 부정과 박해와 굴욕이 국민을 더욱 강하게 만든다. 부강한 국가가 국민의 행복은 아니듯 강력한 국가가 국민의 힘은 아니다. 국가와 국민의 갈등은 여기에서 시작된다. 국민이 강한 나라는 강하다. 국민이 부유한 나라는 부강하다. 하지만 이와 반대로 국가의 강력함은 국민을 옥죄고 착취하는 데 유용하게 쓰인다. 국가의 부유함은 부유한 국민의 자발적인 참여에 의존하기보다는 빼앗고 착취하는 데서 시작되는 경우가 더 많다. 그래서 국민은 국가를 신뢰하지 못하고 국가는 국민들을 불안요소로 다룬다.

병적 정신은 그들을 지배했던 개념이 보여준 간질병처럼 과장된 몸짓으로 대중의 관심을 불러 모으는 데 성공하고 있다. 인간에겐 논리에 귀를 기울이기보다도 몸짓에 더 열광하는 습성이 있기 때문이다.

－'안티 크리스트'

'눈에 보이지 않는 세계'를 믿고 살아가는 사람은 눈앞에 닥친 시련과 고통에 좌절하지 않는다. 몸으로 겪은 고난은 그를 병들게 하지 못한다. 그의 영혼은 눈에 보이지 않는 그의 세계를 살아가고 있기 때문이다. 반대로 '눈에 보이는 세계'만 믿고 살아가는 사람은 작은 시련에도 눈물짓는다. 그에겐 눈앞의 세계가 전부였기 때문이다. 우리는 숙명적으로 눈에 보이는 세계를 살아간다. 하지만 우리의 영혼만큼은 눈에 보이지 않는 세계를 가졌으면 좋겠다. 그 세계에서 마음껏 살아갔으면 좋겠다.

정치가가 아닌 사람들까지 정치를 염려하게 만드는 국가는
구조적으로 모순된 국가라고 할 수 있다. 이런 국가는 다수결
이라는 방패를 든 정치가들 때문에 결국 몰락하게 된다.

−'반시대적 고찰'

   정치는 국민을 설득하는 것보다 강제로 억압하는 데 열을
올리고, 국민의 의견을 통합하기보다는 분열시키고 이간질하
는 데 능숙한 재능을 발휘한다. 사람들의 마음이 날이 갈수록
편협해지고, 내 한 몸과 내 가족만 편하게 살면 된다는 이기
심이 당연하다는 듯 통용되기까지 정치의 공로가 가장 컸다
고 할 수 있다. 니체는 민주주주의란 다수의 어리석은 자들이
소수의 특별한 지성과 판단력을 겸비한 지성인을 무력화시키
고 억압하는 제도라고 여겼다. 그러나 오늘날의 우리 정치를
보건대 소수의 어리석은 자들이 다수의 지성인을 억압하는
도구로 민주주의를 전락시킨 것을 생각한다면 니체의 시대보
다 이 시대는 더 암울하다고밖에 할 수 없다.

민주주의는 결국 새로운 노예제도의 탄생이다. 민주주의는 인간을 새로운 제도에 적합하도록 사육할 것이다. 그리고 이 제도를 지배하는 몇몇 인간들은 이제껏 유례를 찾아볼 수 없는 명예와 부를 누리게 될 것이다. 이들의 교양이 보편화되어 우리는 그들의 욕구에 맞춰 교육받고, 기능하고, 복종하는 날이 도래할 것이다. 나는 반드시 말해야겠다. 민주주의는 전제적 지배자에게 면죄부가 될 뿐이다. 그들은 민주주의 덕분에 죄의식을 느끼지 않고 수탈을 감행하게 될 것이다.

－'선악을 넘어서'

경제가 발전하고 산업이 일어나면 국민의 소득이 향상되어 이전보다 더 풍족해진다고 말한다. 경제발전이 빈부격차를 해소하고 모든 이에게 공평한 수입으로 돌아간다는 청사진만 남발하는 것이다. 하지만 경제가 발전한 결과로서 사람들은 이기적으로 변모했다. 가진 자는 더 많은 것을 가지려고 눈에 불을 켜고, 못 가진 자는 가진 것이라도 빼앗길까봐 난폭해진다. 계층과 계층이 분열하고, 세대간의 의사소통은 오래 전부터 단절되었다. 한 국가 안에 여러 개의 국가가 동시에 존재하는 상황이 발생하게 된 것이다. 부자들의 나라, 가난한 자들의 나라, 늙은이들의 나라, 젊은이들의 나라가 쉴 새 없이 충돌하고 비난하고 전쟁을 준비한다.

우리는 삶과 행동의 보다 나은 미래를 위해 역사를 연구해야 한다. 삶과 행동으로부터 도피하기 위해, 또는 이기적인 삶과 비겁하고 더러운 행동을 변호하기 위해 역사를 도용해서는 안 된다. 역사가 삶에 헌신하는 한, 우리는 역사에 봉사할 의무가 있다. 하지만 역사에는 일정한 한계가 있으므로 역사를 지나치게 존중하면 삶은 퇴화하고 만다.

-'반시대적 고찰'

요즘 젊은이들은 태어나면서부터 냉혹한 경쟁에서 살아남는 법을 배워야 한다. 삶이 전쟁이라도 된 것처럼 승리자는 모든 것을 소유하고 패배자는 도태당하기 일쑤다. 그런 시대를 살아남은 청춘들이 미래를 건설한다. 그 미래가 나는 두렵기만 하다. 역사에 어떤 시대로 기록될지 두려운 것이다. 앞으로 젊은이들이 사회의 주축으로 성장하게 된다면 우리 세대처럼 국가가 무엇을 시키든 고분고분 따르지는 않을 것이다. 혼돈의 시대가 눈앞에 있다. 우리의 미래는 국가와 국가의 전쟁이 아닌, 국가와 국민의 전쟁으로 뒤덮이게 될 것이 분명하다.

민족이란 예닐곱 명의 위대한 인간을 만들기 위해 자연이 저지른 실수다.

-'선악을 넘어서'

인생은 한마디로 강제성의 연속이다. 법과 질서, 종교적 율례, 집집마다 중요시 여기는 가풍, 강압적인 교육, 유전(流轉)으로 내려오는 도덕과 사람들 사이에서 지켜야 할 예절 등 끝도 없다. 이것들은 집단 안에서 강한 자를 키워내기 위한 수단인 동시에 집단을 맹목적으로 유지시키는 기준이 된다. 강제적 기준과 수단에 의해 집단 안에서 약한 자는 언제든 짓이겨버릴 수 있는 희생의 제물이 되며, 가장 잔인한 자들이 무리를 이끄는 우두머리가 된다.

사회는 자신의 그늘 아래서 살아가는 인간이 불행이나 고독을 느낀다면 결코 용서하지 않겠다고 다짐했다. 그래서 우리는 고독을 떠올릴 때마다 죄를 짓는 것처럼 불안에 떤다.

-'반시대적 고찰'

겉으로 보기에는 평범하고 부드럽고, 고생도 겪어보지 못한 것처럼 보이는 인간의 내면에 세상이 헤아릴 수 없는 격심한 광풍이 불고 있는지도 모른다. 그 속내를 알아낼 방법이 없다. 기억처럼 자기 멋대로 외우는 것도 없고, 자신의 행동과 심리처럼 흐트러져 뒤얽혀진 것도 없고, 자신의 마음 깊숙한 곳처럼 단단한 껍질로 숨겨져 있는 것도 없다. 고독을 느끼지 못하는 사람은 타인을 사랑하지 못하고, 자기 자신을 용서해주지도 못한다. 고독은 이 각박하고 치열한 현실에서 잠시 몸을 숨길 수 있는 유일한 안식처다.

복종의 창조자는 관습이다. 이 관습은 협정에서 태어났다. 처음 협정이 맺어졌을 때 사람들은 만족했다. 하지만 훗날에 갱신이 필요하다는 것을 아무도 인식하지 못했다. 이윽고 협정은 지속되었고, 망각이 협정을 관습으로 받아들이게끔 만들었다. 관습은 수천 년이 흘러 사회의 시작과 더불어 발생한 규정으로 인정받게 되었고, 규정은 마침내 강제가 되었다.

−'인간적인, 너무나 인간적인'

오늘날처럼 집단적인 용기가 결여된 시대도 드물 것이다. 사람들은 서로 반문한다. 조직화된 사회에서 너의 개인적인 용기가 무슨 소용이 있겠느냐고, 너의 용기가 이 세상에 어떤 작용을 일으킬 수 있느냐고, 이 한 목숨 잘 간수하는 게 너의 용기라고…. 그렇게 우리는 용기를 상실했다. 상실한 게 아니라면 감추고 있는 것이다. 우리는 태어나던 날 각자의 품에 용기의 씨앗을 뿌렸다. 우리가 그것을 의식하고 있든, 모르고 지나쳤든 우리의 운명은 우리 품에 뿌려놓았던 씨앗을 키웠다. 그 열매가 우리를 자유롭게 해줄 것을 기대해야 한다.

우리는 저녁마다 무엇에 홀린 듯이 극장에 모인다. 극장에서 우리는 대중, 여자, 남자, 성직자, 투표권자, 범죄자, 추종자를 연기한다. 사회는 거대한 극장이다. 이곳에서 우리의 개인적 양심은 다수라는 숫자에 굴복해야 한다. 이곳에서는 이웃이 되어야만 권리를 행사할 수 있기 때문에 우리는 서로에게 이웃이 되려고 미친 듯이 배역을 찾아 헤맨다.

-'니체 대 바그너'

문명이 진보할수록 인간은 물질적인 껍질에 모든 것을 걸어버린다. 평범한 소시민들조차 정직과 신의와 성실이라는 미덕을 내팽개치고 그들을 짓누르는 권력자들의 폭력성, 선정성, 게으름, 강탈, 거짓된 눈물을 추종한다. 인류문명의 발달을 한마디로 축약하자면 인권의 신장이다. 인권이란 말 그대로 인간의 권리인데, 인간의 가장 중대한 권리는 자신이 겪고 싶지 않은 일을 타인에게 강요하지 않는 것이며, 자신이 기뻐하는 일을 실행에 옮길 수 있는 선택의 자유다. 그 자유가 현재를 살아가는 우리에게 권리로서 주어졌는지 고민해볼 때다.

맹수에 대한 공포가 오랜 세월에 걸쳐 인간을 육성시켰다. 인간은 맹수로부터 살아남는 방법을 연구했고, 가장 확실한 방법으로 길들이면 된다는 것을 알아차렸다. 이처럼 공포는 우리의 생활을 끊임없이 지배했으며, 마침내 정신적으로, 그리고 지적으로 미화되기 시작했다. 인간은 공포의 감정마저 길들이는 데 성공한 것이다. 오늘날 사람들은 이 길들인 공포를 과학이라고 부른다.

-'짜라투스트라는 이렇게 말했다'

내가 서 있는 이곳이 과연 인간들의 세계인가, 혹은 들개들의 사냥터인가, 혼란스러울 때가 많다. 인간의 탈을 쓰고 군침을 흘리는 그 핏발 선 맹수의 본능을 감추지 못하는 들개들과 함께 살아가느니 차라리 한 그루 나무 곁에서 생을 마감할 수 있었으면 좋겠다. 약한 자의 숨통을 끊어놓아야 안심이 되는 먹이사슬에 포함되느니 한적한 시골로 내려가 남은 인생을 조용히 정리하는 편이 낫겠다는 생각이 든다. 그러나 이것은 저항이 아니다. 도피는 저항이 아니다. 총칼로 무장한 권력집단에 굴복하느니 내가 가진 모든 것들을 버리고 동굴에 유리하겠다는 선각자적인 회피는 사회적 공포에 맞서는 진정한 용기가 될 수 없다.

인간은 상대적으로 관찰했을 때 가장 어긋난 짐승이며, 가장
병적인 짐승이며, 본능으로부터 가장 멀리 이탈한 짐승이다.
그래서 가장 흥미로운 짐승이기도 하다.

-'안티 크리스트'

　　요즘은 어린아이들마저 가난을 죄로 여긴다. 가난을 죄로
여기는 사상은 사냥에 성공하지 못하면 그대로 죽어야 한다
는 논리가 지배하는 동물들의 세계에서나 가능한 발상이다.
이 땅에서 가난하다는 것은 수치가 아니다. 그것은 죄도 아니
다. 무능력과 태만의 결과도 아니다. 오히려 가난하다는 것은
그가 정직했으며, 성실했다는 증거일 수도 있다. 부자야말로
그들의 지갑과 은행과 금고에 가득한 지폐야말로 그들이 거
짓말을 일삼았으며, 정직한 자를 우롱했으며, 신의를 배신한
증거일 수도 있다.

나는 인생을 사랑한다. 하지만 내가 인생을 사랑하는 진짜 이유는 내가 삶이라는 시간들을 영위하고 있기 때문은 아니다. 사랑이라는 저주받은 행위에 길들여져 있기 때문이다.

-'짜라투스트라는 이렇게 말했다'

지금 자신을 괴롭히는 문제가 있다면, 그 중에서도 세상이 나와 맞지 않아 힘이 든다면 세상과 싸우려고 주먹을 움켜쥐는 것만으로는 해결책이 되지 않는다. 문제는 세상에 있지 않고 나에게 있기 때문이다. 세상을 바꾸고 싶다면, 혹은 내가 원하는 세상에서 멋지게 살아가고 싶다면 먼저 나에 대한 생각이 바뀌어야 한다. 물질적 성공을 위한 수단으로서의 삶을 영위한다면 필연적으로 물질의 한계를 짊어진 채 살아가게 된다. 세상도 나를 한갓 물질로 대우한다. 고장 나면 버리고 더 좋은 게 나와도 버린다. 그런 세상을 만든 책임자가 자기 자신이었음을 잊어서는 안 된다.

피로에 질려버린 자는 태양을 저주한다. 그들에게 숲의 그림자는 단지 그늘일 뿐이다.

-'즐거운 학문'

우리는 이 짧은 삶을 통해 얼마나 많은 방해와 의무로 행복을 향한 도정에서 무릎을 꿇게 되는지 모른다. 그 예는 실로 경이로울 정도다. 그런데 실제로는 우리가 방해물과 의무로 여기는 것들이 아무것도 아니었으며, 오히려 우리의 삶이 우리의 자유를 속박하고 있었음을 깨닫게 되곤 한다. 결말을 낼 수 있다는 것은 다시 말해 언제든 죽음을 선택할 수 있음과 같은 말이다. 그것은 진정 필요한 순간을 구별하여 우리의 내면에 감춰둬야 한다는 것을 뜻한다. 순간의 자유를 누리기 위해서는 무엇보다 질서가 존립되어야 한다. 질서는 우리에게 평화를 주는 수단이다.

자신이 얼마나 오랫동안 이용당해왔는가를 깨달은 자는 이에 대한 반발 심리로 가장 추악한 현실까지 껴안으려고 한다. 인류의 역사를 돌이켜봤을 때 가장 선량한 구애자들은 언제나 추악한 현실의 노리개로 이용당해왔다. 왜냐하면 선량한 자들은 너무나 쉽게, 당연하게 거짓말을 믿어버리기 때문이다.

－'인간적인 너무나 인간적인'

　우리가 선택한 지름길이 어제의 그림자를 속박하고, 내일의 길을 막아버리고, 우리의 시야를 어둡게 만든다. 현실은 선택이 아닌 은총이다. 현실은 속박이 아닌 구원이다. 우리의 하루가 생의 의미를 발견할 때처럼 가치를 드러내는 경우는 없다. 오늘 하루에 대한 감사는 다가올 내일에 대한 존중이다. 우리는 지금 이 순간에도 떠날 준비를 해야 한다. 그것이 진정한 자유이며, 내 삶의 주인이 바로 나였음을 증명하는 수단이 된다. 달콤한 유혹 때문에 힘겹게 쌓아올린 안락과 자유와 명성이 한순간에 나락으로 떨어진다. 유혹은 자유롭게 보이지만, 실상은 내면의 평화를 어지럽히는 폭력에 불과하다는 것을 명심해야 한다.

힘든 고갯마루를 넘어갈 때 다리가 부러지는 일은 좀처럼 발생하지 않는다. 하지만 넓은 대로에선 말도 안 되는 이유로 다리가 부러진다.

-'인간적인 너무나 인간적인'

　지금 곧 할 수 있는 일을 내일로 미루지 말자. 무엇인가 해야 할 일이 남아있다는 데 감사하자. 인생에는 해야 할 일들이 남아있을 뿐 해낸 일은 아무것도 없는 법이다. 작은 이익을 위해 헛된 수고를 희생시키지 말아야 한다. 채워지지 않는 육신을 위해 마음을 어지럽히고, 정신의 갈증을 해갈하기 위해 함정을 파고, 성찰이라는 미명으로 망상을 사랑하는 짓은 더 이상 금물이다. 고된 인생에 불어오는 한줄기 바람에 만족하는 것이다. 그 바람을 타고 내 마음에 뿌려진 한 알의 씨앗을 사랑하는 것이다.

언제쯤 작별을 고해야 될까. 너는 이제 인식하고 측정하려는 것들에게 이별을 고해야 한다. 적어도 어느 한 시기까지는 이별을 유지해야만 한다. 네가 이 도시를 떠나기로 마음먹었을 때야 비로소 도시의 탑들이 얼마나 높게 솟구쳐 있었던가를 알게 될 것이다.

−'인간적인 너무나 인간적인'

사람이 스스로를 판단해내지 못하는 까닭은 자신의 내면과 적당한 거리를 유지할 수 없기 때문이다. 단순하고 세부적인 묘사를 전체로 착각하기 때문이다. 자기 자신에 대한 표현은 늘 실체적인 인상과 괴리가 있기 마련이다. 게다가 자신의 상대적 가치는 사회와 역사적인 관계를 통해서만 찾을 수 있다. 자신이 정확하게 어떤 인간이며, 또 어떤 인간이 될 수 있는가를 깨닫기 위해서는 한 인간의 전 생애, 또는 적어도 최소한의 한 시기를 모든 수단과 시선을 통해 바라볼 필요가 있다.

배워서 지식을 쌓고, 그 지식을 바탕으로 다시금 교양과 지혜를 넓혀가는 사람은 세상이 지루하지 않다. 모든 것이 이전보다 한층 더 흥미롭게 느껴지기 때문이다. 똑같은 것을 보고 들어도 평범한 일상에서 교훈과 단서를 찾아낼 수 있고, 생각의 틈새를 메꿔줄 무엇인가를 손에 넣게 되는 것이다.

-'방랑자와 그의 그림자'

우리는 힘없는 개인에 불과하다. 그래서 무엇인가 이 현실의 삶보다 훌륭한 것, 위대한 것, 즉 정치, 학문, 예술, 사회 같은 한 단계 높은 차원의 세계에 몰입하고 싶다는 욕망에 시달리게 된다. 이를 통해 사라진 개인의 가치를 되찾게 되지는 못할지라도 적어도 침몰해가는 남은 인생을 육지로 끌어올리는 방편이 될 수는 있다고 믿는다. 왜냐하면 인간은 발밑이 아닌 머리 위를 바라볼 때 삶의 이치를 깨닫게 되기 때문이다. 타고난 본능은 자신을 버리는 행위 앞에서 진실해진다. 반대로 개인적 삶에 대한 긍지는 우리를 주위로부터 고립시키는 방패가 된다.

전문가가 되고 싶다면 미리 극복해둬야 할 것들이 몇 가지 있다. 성급함, 조급함, 앙갚음이 포함된 복수심과 정욕이 그것이다. 내 안에 잠재된 이것들을 배척하고 스스로 억제할 수 있게 된 후에 전문적인 발전을 기대하는 것이 옳다. 그렇지 않고서는 이것들이 범람하는 강물이 되어 마음을 거칠게 휘젓는 날이 오고야 만다. 그때 후회해도 이미 늦다. 모든 것을 망쳐버린 후일 테니까.

-'방랑자와 그의 그림자'

앞으로 어떻게 해야 좋을지 모르겠다면 누가 시키는 일이 아닌 내가 하고 싶은 일을 해야 한다. 마라토너라면 결승점이 보일 때까지 달리면 되는 것이고, 심벌즈라면 무조건 두들기기만 하면 된다. 인생의 성공과 행복은 방정식이 아니다. x의 값을 구하는 게 목적이 되어서는 안 된다. 인생에서의 x는 바로 나 자신이다. x의 값을 구하려고 노력하는 것은 나의 가능성과 행운을 몇 개의 숫자와 맞바꾸는 짓이 되고 만다. 정확한 값이 계산되었다고 해서 그것이 인생의 정답이 될 수는 없다.

머릿속에서 계산한 대로 진행되지는 않는다. 현실의 그 '무엇'인가가 먼 길을 가야 하는 지도 위에서 가장 빠른 길을 본능적으로 찾아냈을 뿐이다. '무엇'의 정체가 무엇인지는 아무도 모른다. 다만 현실에 직접 발을 내디뎠을 때 비로소 알게 되는 것이다.

-'방랑자와 그의 그림자'

단 한 번도 실패하지 않았다고 말할 수 있는 사람은 세상에 없다. 인생은 그 자체로 실패인지도 모른다. 그런데 실수투성이 인생이 실패에서 벗어날 때가 있다. 바로 실수를 후회하게 되었을 때다. 후회는 내가 저지른 실수가 무엇인지를 알고 있다는 뜻이다. 그래서 후회는 창피하지가 않다. 후회할 일을 했다는 것이 부끄럽고 아쉬울 뿐이다. 후회하는 마음으로 인생은 풍요로워진다. 오늘은 또 무엇을 잘못했는지 떠올려봤을 때 저만치 두고 왔던 나를 다시금 내 곁에 두게 된다.

그대는 그대의 열정에 작별을 고하려는가. 그렇다면 원하는 대로 하라. 대신 열정을 증오해서는 안 된다. 열정에 대한 증오는 또 다른 열정에 불과할 뿐이다.

-'아침놀'

펭귄은 날고 싶은 욕망을 참아내며 차가운 바닷물에 뛰어들었다. 그리고 더 빨리 헤엄치기 위해 날개를 휘저었고, 그럴수록 날개는 지느러미처럼 변해갔다. 뼈가 변형되고, 관절이 붙고, 숨을 참고, 발가락 사이가 찢겨져 물갈퀴가 생겼다. 고통스러웠다. 그래도 펭귄은 인내했다. 포근한 구름 대신 남극의 거센 물살에 매일 같이 온몸을 부딪치면서 먹이를 구해왔다. 사람들은 지상에서 뒤뚱거리는 펭귄이 우스꽝스럽다고 놀린다. 날지 못하는 펭귄이 불쌍하다고 말한다. 하지만 그렇게 말하는 자들 중에 펭귄만큼 헤엄을 잘 치고, 펭귄처럼 남극의 겨울에서 꿋꿋하게 생존해낸 자는 단 한 명도 없었다.

소나무를 보라. 마치 귀를 기울이고 대지로부터 들려오는 목소리를 기다리는 듯하다. 전나무를 보라. 꿈쩍도 하지 않는 채 기다리기만 한다. 나무는 초조해하지 않는다. 당황하지도 않는다. 조바심 내지도 않고, 아우성도 치지 않는다. 고요함 속에서 그저 인내할 뿐이다. 나도 나무처럼 살고 싶었다.

−'방랑자와 그의 그림자'

풀잎마다 맺혀진 이야기가 있고, 난봉꾼의 마음 한구석에도 쓰라린 소설이 적혀 있으며, 활짝 웃는 갓난아기의 미소에도 남은 생애에 대한 불안이 깃들어 있다. 인간은 자신의 삶에 희극과 비극이 공존한다는 것을 선천적으로 깨닫고 있다. 이것이 삶의 비애다. 골목마다 슬픔이 있고, 거리마다 희망이 있으며, 집집마다 비극이 있고, 광포한 삶의 연민마다 숨겨진 희극이 있다. 상처 입은 애정만큼 인간에게 진실을 보여주는 고통은 없다. 비애는 인간을 예언자와 마법사로 만드는 또 하나의 청춘이다.

지식을 인정하지 말고, 지금 내 눈이 바라보고 있는 것들이
얼마나 아름다운지를 인정하라.

-'방랑자와 그의 그림자'

식물은 물을 먹고 생장한다. 식물의 생장에 햇빛도 필요하
기는 하지만, 그늘에서 자라는 식물도 있다. 그늘에서 자라
는 식물도 수분은 섭취한다. 물을 먹지 않는 식물은 없다. 식
물에게 물은 곧 생명이다. 요즘은 식물영양제가 아주 많다.
영양제를 주사하면 꽃은 더 화사해지고 뿌리는 더욱 깊어진
다. 시들어가던 이파리가 생기를 되찾고 진드기가 사라진다.
영양제의 도움으로 식물의 생장이 더 빨라지고 튼튼해진다
는 점에서 영양제는 식물을 키우는 데 필요한 도구임에 틀림
없다. 다만 값비싼 영양제에 집착하느라 정작 물 마시는 것을
잊어버린 건 아닌가 되돌아봐야 할 때다.

정부는 아무것도 배우지 않는다.

국민만이 배우고 성취한다.

-'비극적 사유의 탄생'

오늘날 세계를 지배한다는 평가를 받고 있는 유대인은 국가권력, 사회집단으로 그들의 능력을 증명한 게 아니다. 전쟁에서의 승리와 영토 확장, 언어의 전파로 타민족보다 우수하다는 평가를 받게 된 것이 아니다. 오직 개인의 능력으로, 다시 말해 한 명의 유대인이 갖춘 재능과 노력으로 그들의 과거를 정복했던 모든 국가, 민족에게서 항복을 받아냈다. 한때 유대인의 영토와 유대인을 지배했던 민족과 국가, 문명은 불과 몇 세대도 버티지 못한 채 사라졌지만 유대인은 개인의 역사로 살아남는 데 성공했다.

인간은 사물을 완벽하게 이해하는 것이 불가능한 생물이다. 이를 기억한다면 실수는 수치스럽지 않다. 수치스러운 것은 실수를 수정하는 데 게을렀을 때뿐이다.

-'그리스의 음악 드라마'

날마다 새로운 뉴스가 쉴 새 없이 밀려든다. 매일 식사하듯 그것들을 소비하다 보면 어느새 나만의 생각, 나만의 개성은 저만치 사라지고 없다. TV프로그램도 수를 헤아리기 어려울 만큼 다양하다. 나도 모르는 사이에 그것들에 익숙해진다. 버릇이 되고, 타성이 개성으로 둔갑해버린다. 그런데 TV의 수많은 프로그램과 온갖 매체에서 제공되는 뉴스 중에 내 인생에 필요한 프로그램과 정보는 사실 손에 꼽을 정도다. 대부분은 '킬링타임'이다. 일생에 단 한 번뿐인 귀중한 시간들이 사라지고 있다는 자기반성은 웃고 떠들고 듣는 사이에 어디로 사라졌는지도 모르겠다.

절반의 진리라는 말은 듣기 좋은 변명일 뿐이다. 절반이 진리가 아니라면 그것은 틀림없는 거짓말이다.

-'유고'

반대의견을 내놓는 것은 어깃장이 아니다. 진실은 때론 다수가 아닌 소수의 눈에만 보이는 경우가 있다. 그 때문에 다수가 불쾌해지더라도 어쩔 수 없다. 반대의견을 제시한다는 것은 그만큼 자기 생각에 충실하다는 증거다. 시류에 휩쓸리지 않고 자기 의견을 꿋꿋하게 개진하려면 평소의 지적인 훈련이 중요하다. 세상과 반대되는 의견에서 진실을 찾아내기 위해서는 머릿속 엔진을 항상 예열해둬야 한다. 만장일치는 권력에 의한 강압이거나, 자포자기에서 비롯된 비겁한 행위임을 명심해야 한다. 다수결은 정답이 아니다. 정답이 아니라면 그것은 진실이 아니다.

내가 아는 최선이란, 가능한 모든 것을 다한다는 뜻이다. 그리고 마지막 순간까지 그것을 계속한다는 뜻이다. 최선을 다했다면 타인의 평가에 신경 쓸 필요가 없다. 만일 결과가 좋지 않더라도 상관없다. 세상 모든 사람들이 나의 잘못을 꾸짖어도 나는 실수를 인정치 않을 것이다. 왜냐하면 나는 나의 신념이 시키는 대로 움직였기 때문이다.

−'유고'

　물리적 경쟁은 눈에 보이는 목표다. 다수가 그 뒤를 좇고 있다. 목적의식도 쉽게 생긴다. 이에 비해 정서적 경쟁은 개인마다 추구하는 바가 다르기에 목적의식도 제각각이다. 우리에게 익숙한 비교우위가 끼어들 틈이 없다. 직장이 그 자체로 목적인 사람에게 직장의 부도는 심각한 경우 우울증과 자살이라는 개인의 몰락과 직결되지만, 직장이 수단인 사람에게 새로운 삶의 기회가 된다. 그의 삶은 직장이 사라진 후에도 계속된다. 계속될 뿐만 아니라 새로운 기쁨과 행복을 만끽한다. 눈에 보이는 목적, 다수 앞에서 자랑할 수 있는 목적에 최선을 다한다면 인생은 한 가지 모습으로 축소될 것이다.

내일이 되면 세상은 달라질 것이라고 자기를 위로한다. 그리고 내일은 무덤 속으로 들어가는 날까지 도착하지 않는다.

-'강연록'

나를 연마해야 한다. 때가 지나면 빛나던 것도 그 빛남을 잃게 된다. 익숙해지면 감각은 둔화되고 더 이상 새로울 것이 없다. 정신력, 지성, 운(運) 등에서 나를 재생시켜야 한다. 다른 분야에서 활동해보는 것도 좋다. 지체될수록 서두르지 말고 새로운 출발을 시도해봐야 한다. 나의 본질을 이해하고 그 지침에 따라 살아가자. 자신이 납득할 수 있는 조건에 대해서는 엄격해질 필요가 없다. 내가 원하는 대로 모든 환경을 바꿀 수는 없다. 이럴 때는 환경과 맞서기보다는 환경에 맞춰 자신을 바꾸는 게 좋다.

나 혼자 현명해지려는 것은 세상을 어리석게 만드는 지름길
이다

-'아침놀'

누군가가 나를 보고 있다고 생각하며 행동해야겠다. 언제
어디서 누가 나를 지켜보고 있을지 모른다. 혼자 있을 때도
세상 사람들이 나를 보고 있으므로 함부로 행동하고 말해서
는 안 된다고 생각해야 한다. 벽에는 귀가 있다. 사소한 잘못
도 확대되어 사람들에게 알려질 수 있다. 완벽을 지향하려는
마음가짐을 다져야 한다. 매일 같이 인격을 높이고 내가 하는
일을 발전시키고, 타고난 재능과 능력이 완벽하게 내 것이 되
도록 노력한다. 이 모든 것이 달성되었을 때 생각은 보다 명
석해지고 판단력은 높아지고 자제심은 강력해질 것이다.

숫자는 세상을 구성하는 원리일 뿐 인생의 원리가 되지는 못한다.

-'도덕의 계보'

우리에겐 물리적 시간 외에도 정서적 시간이라는 게 있다. 물리적 시간의 하루는 24시간에 불과하지만 정서적 시간은 하루가 닷새일 수도 있고, 하루가 1년일 수도 있다. 정서적 시간은 개인의 몫이다. 아무도 침범할 수 없는 나만의 시간이다. 그곳에서 우리는 몇 개의 인생을 살아볼 수도 있다. 과거의 경쟁이 동일한 출발선상에서 제한시간 내에 결승점까지 전력으로 질주하는 것이었다면 앞으로의 경쟁은 각자가 정한 출발선상에서 자신이 원하는 시간대에 마음에 드는 결승점을 통과해버리면 그것으로 만족하게 될 것이다. 물리적, 공간적, 시간적 경쟁에 집착하는 사람들은 개성적, 정서적 경쟁에서 패배하게 될 것이다.